阿部恭子

# 家族間殺人

GS
幻冬舎新書
629

# はじめに

家族に悩まされた経験を持つ人は少なくないでしょう。配偶者のモラハラや支配的な親きょうだいの言動に「いっそのこと……」という衝動に駆られたり、自立できない子どもの将来を悲観して心中を考えたり……。家族の相談現場では、このような家族への殺意が吐露されることも珍しくはありません。

日本で起こる殺人の半数は家族間で起きています。

私は二〇〇八年から加害者家族の支援を始め、国内の支援団体として、殺人事件の加害者家族を最も多く支援してきました。私が支援に携わった約三〇〇件の殺人事件のうち、一二〇件が家族間で発生していますが、その実態はあまり知られていません。家族以外の人間を殺害した場合に比べ、報道の期間は短く、事件の原因を含めた問題が深く掘り下げられることはなかったからです。

無差別殺傷事件のような不特定多数の人々が犠牲になった事件では、多くの人が巻き込まれる不安を感じ、なぜ事件が起きたのか、その答えを報道に求めます。そういった要求に応えるべく、さまざまな角度から検証報道が行われますが、被害者が家族や親族に留まった事件では、内輪のもめごととして簡潔に処理されてきた傾向にあります。

しかし、加害者家族支援の現場で殺人事件を見てきた立場としては、家族間で起こる事件こそ、多くの人が加害者、そして被害者になるリスクを孕んでおり、十分に検証されるべき問題だと考えます。

私は本書で紹介する事件の加害者たちと面会を続け、出所後も支援をしています。なかには「凶悪犯」と呼ばれた人もいますが、彼らは家族以外に危害を加えた過去はなく、恐怖を感じることはありません。しかし、事件を鑑みるに、心を許した家族しか知りえない残忍な一面があることも事実です。

家族間では、自他の境界線が見えにくくなります。誰しも、他人にならコントロールできるはずの感情を抑えられず、家族に酷い言葉を投げつけてしまったと後悔したことがあるのではないでしょうか。

また、他人との人間関係の悩みは誰かに相談できたとしても、家族の悩みだと恥部をさらすようでためらい、自分ひとりで抱え込む傾向にあります。

日本では世間体を気にするため、問題を抱えている家族ほど、傍からは幸せそうに見えたりするものです。

最も安全であるはずの家庭が、命を奪われる場所になってきたにもかかわらず、防犯の手立てがないのが家族間殺人です。

家族がどのように追い詰められていくのか、その過程を知ることは、それを食い止める手段のひとつになるのではないかと思い、筆をとりました。

本書では、私が現在進行形で関わっている事件について、家族の同意を得たうえで紹介しており、個人が特定されないよう人物名は仮名で、事実の一部に修正を加えてあるケースもあります。

殺人事件が起きた家庭の家族は、加害者家族であると同時に、被害者家族でもあります。日本の家族に何が起きているのか、その背景と事件のその後について、詳しく見ていきたいと思います。

家族間殺人／目次

## 第二章 岩手妊婦殺害・死体遺棄事件 76

DTP　美創

# 第一章 野田市小四虐待死事件

## 心愛さんはずっと大切な家族

栗原心愛さんへ
三月の終業式の日。あなたは漢字もできて、理科や社会も完ペキだと思います。
五年生になってもそのままのあなたでいてください。
未来のあなたを見たいです。あきらめないで下さい。
4年1組 くりはらみあ より

心愛さんが亡くなる三カ月前に、小学校で書いた「自分への手紙」。心愛さんの祖母が大切に持っている遺品のひとつである。

「五年生になる、あなたを見たかった……」

祖母の栗原良子さん（仮名・六十代）は、そう言って泣き崩れた。

二〇一九年一月二十四日、当時、小学四年生だった栗原心愛さんが、千葉県野田市のアパートで死亡した。父親による暴行が原因である。

あの日から二年が経過し、二〇二一年一月二十四日は野田市でも雪が舞った。

「心愛ちゃんだ！　心愛ちゃんが帰ってきた！」

冷たい風に舞う粉雪に、子どもたちは歓声を上げていた。

心愛さんの葬儀の日も、まるで空から迎えが来たかのように、雪が舞っていた。

「雪見たことないから、雪見に行きたい」

「じゃ来年は、北海道に雪見に行こうか！」

「やったー、約束ね」

約束は、果たされることはなかった。

「今年も孫たちと、心愛ちゃんの誕生日会を開きました」

栗原家では、クリスマスも雛祭り(ひなまつ)も、ずっと心愛さんと一緒に祝ってきた。

「今でもまだ、あの子が戻ってくる気がするんです……」

## 事件に奪われた日常

「これからどうやって生きていけばいいのか……」

二〇一九年二月初旬、「加害者家族ホットライン」にかかってきた電話は、世間の耳目を集めていた、千葉県野田市で小学四年生が虐待死した事件の加害者家族からだった。

「私は心愛の叔母で、栗原勇一郎の妹です」

相談者の伊藤真由さん（仮名・三十代）は、連日、自宅に詰めかける報道陣への対応に苦慮していた。

「昨日は両親が、週刊誌の取材の車三台に追いかけられて、警察署に逃げ込んだんです。でも、重大事件の容疑者の家族は保護できないと言われて……」

報道の自由は重要だが、一般人の加害者家族にいきなり取材と詰め寄られても、どう答えてよいかわからず、ただ逃げるしかないのが現実だ。

「とにかく、話だけでも聞いてもらえるところはないのかと思って、インターネットで見つけたんです」

事件発生後すぐに相談窓口に辿(たど)り着いただけでも、真由さんは運がいいほうだったかもしれない。

両親が住む自宅は報道陣に囲まれ、繰り返しインターホンが鳴っていた。

「私たちにもよくわからないんです……」

母親が怯(おび)えながら答えると、

「一緒に住んでたんでしょ？　わからないっていうことはないでしょうが」

と、記者から厳しい質問が飛んできた。加害者家族はよくそう責められるが、家族にとっては寝耳に水の出来事で、むしろ誰かに説明してほしいと思うほど状況が把握できていなかった。

勇一郎氏との面会は家族さえも認められておらず、事態が把握できないまま、報道陣から身を隠す生活が始まった。しばらくは病院に行くことも、食料を買いに行くこともすらできなかった。その後、一家は転居を余儀なくされ、平穏な生活は地獄に変わった。

面と向かって非難されるようなことはなかったが、周囲を騒がせ多大な迷惑をかけてしまっているかと思うと、真由さんはどこに行っても肩身が狭く、人前に出ることが辛かった。

それでも、真由さんにも家庭があり、子どもたちのためにも生活を続けなければならず、自宅に閉じこもっているわけにはいかなかった。

真由さんは、これまで兄の家族にはできる限りの協力をしてきたにもかかわらず、こんな結末を迎えるとは、あまりに理不尽だと感じていた。

## 加害者家族の子どもは第二の被害者

「子どもたちは、いつも心愛と一緒にお風呂に入ったり、一緒の布団で眠ったりしてました」

真由さんの子どもたちは、心愛さんを本当のきょうだいだと思っていた。

「ママに抱きしめてもらったことがない……」

心愛さんが、寂しそうな顔でそう話していたことがあった。真由さんが、心愛さんをぎゅっと抱きしめると、心愛さんはいつも嬉しそうに微笑んだ。

「あの子を抱きしめた感覚がまだ残っているんです。守ってやれなかったこと、悔やんでも悔やみきれません……」

真由さんもまた、喪失感に苦しんでいた。

「心愛ちゃん次、いつ来るの？」

「死」を理解できない、幼い息子の言葉に真由さんの胸は痛んだ。

「心愛ちゃんはね、お空に行ってしまって、もう戻ってこないんだよ……」

心愛さんが亡くなった事実は伝えていても、子どもたちの間で心愛さんの話題が尽きることはない。

「私にもまだ、心愛がいなくなった実感がありません。『ただいま』って、今にも帰ってきそうな気がしていて……」

真由さんの子どもたちは、伯父にあたる勇一郎氏にもよく懐いていた。しばらく顔を見せない伯父のことも気にかけていたのだ。

「この子たちも、ある意味で事件の被害者だと思うんです。これだけ大きな事件なので、いつかは全てを知るときが来ます。どれだけショックを受けるかと思うと、想像するだけで苦しいです……」

子どもたちには、心愛さんとの思い出がたくさんあった。生涯、心愛さんを忘れることなどできないはずだ。結婚や就職にあたって、事件が子どもたちの可能性を奪うことにならないか、真由さんの不安は募るばかりだった。

加害者家族の子どもたちは、第二の被害者と呼んでも過言ではないが、「加害者家族」に属することから、後回しにされがちだった。

心愛さんが亡くなるまで通っていた小学校には、心愛さんに好意を寄せていた男の子もいたという。事件は親族にとどまらず、たくさんの子どもたちに悲しみを与えたに違いない。

## インターネットの書き込みにはデタラメも

事件報道の多くは、心愛さんと勇一郎氏をまるで天使と悪魔のように伝えていた。

しかし、真由さんにとっては違和感があった。

「私たち家族にとっては、ふたりとも普通の人間でした。当然、いいところも悪いところもあります。被害者と加害者になってしまった以上、仕方のないことかもしれませんが、報道を見ていると、ふたりとも私たちの知らない人になっていくような気がしています」

心愛さんに暴力と屈辱を与えた勇一郎氏は、「兄」や「息子」として家族には別の顔を見せていた。家庭内暴力の加害者が、会社などではいい人と評価されていることは珍しくない。

インターネット上では、勇一郎氏は昔から弱い者いじめをしており、妹をいじめていたという書き込みも目立っていた。

「いじめられたことはありません。なぜ、そういうことになるのか、心当たりはありません。きょうだい喧嘩をすることはありましたが、ごく普通のきょうだいでした」

事件が起きると、加害者やその家族に関する情報は、加害性を裏づけるようなネガティブなものばかりになる。

「どれだけ兄を責めたとしても、心愛が戻ってくるわけではありません」

二〇一八年三月には、東京都目黒区で船戸結愛（ゆあ）さんが虐待死した事件が起きており、相次ぐ少女の虐待死に世間の同情が集まり報道は過熱していた。多くのメディアが勇一郎氏を、「鬼畜」「鬼父」と表現した。

「こんなかわいい子になんてことを！」

世間はただですら被害者に同情し、加害者を糾弾するが、遺族であり、同時に加害者家族でもある真由さんと両親は、世間からの心ない言葉に胸を痛めていた。

## 親に依存しがちだった夫婦

勇一郎氏は沖縄県の旅行会社に就職し、地元出身で同僚の聡子さん（仮名）と交際を始め、二〇〇八年二月に結婚した。同年九月に心愛さんが長女として誕生するが、双極性障害という病を抱えている聡子さんは、心愛さんを産んでから精神状態が不安定になり、心愛さんの面倒は聡子さんの両親が見ることになった。そのため聡子さんは、心愛さんを連れて実家で生活することになり、勇一郎氏とは二〇一一年に離婚が成立している。

心愛さんは、勇一郎氏の実の娘であるが、七歳になるまで会わせてはもらえなかった。ところが、二〇一六年に、聡子さんから勇一郎氏に連絡があり、ふたりは再び交際を始める。翌年には再婚し、同年六月に次女が生まれた。聡子さんは、再び心愛さんを産んだ後のような精神状態に陥り、入院を余儀なくされた。

「心愛ちゃんだってちゃんと育てられていないのに、ふたり目なんて……」

祖母の良子さんは、聡子さんとの再婚でまた子どもができたことを不安に感じていた。沖縄では、勇一郎氏と聡子さんの両親は子育てを巡って対立しており、聡子さんの病状も回復が見られないことから、二〇一七年八月、勇一郎氏はふたりの子どもを連れて野田市の実家に帰ってきた。

「兄夫婦は、結局、いつも子育てをどちらかの親に頼ってたんです」

真由さんは、半ば呆れていた。

勇一郎氏は、野田市で仕事と新居を探し、九月半ばには聡子さんが沖縄から転居し、心愛さんと次女と家族四人、野田市内のアパートで生活するようになった。

真由さんは、二〇一七年十一月に心愛さんが児童相談所（児相）に保護される前後の五カ月間と、二〇一八年九月から十二月までの合わせて八カ月の間、心愛さんと一緒に生活した。

勇一郎氏の両親も、心愛さんとは八年間も会っていなかった。いきなり「孫」と言われ、最初は戸惑ったという。積極的に面倒を見ていたのは真由さんだった。

二〇一七年九月頃、真由さんは心愛さんから「夜にパパに立たされる」「蹴られる」と言われたことがあった。勇一郎氏に確かめると「立たせていない」「蹴ってはいない。部屋が狭いから、ぶつけた」と説明されていた。

## 心愛さんとの生活

二〇一八年九月、心愛さんが泣きながら電話してきたことがあった。迎えに行くと、心愛さんの首の周りは垢だらけになっており、風呂に入っていないようだった。

真由さんは、

「心愛ごめんね」

と言って、思わず心愛さんを抱きしめた。野田市のアパートで何があったのか。

「パパとママが喧嘩して……」

次女が食事をしていたところ、聡子さんが急かすように無理やり次女の口にスプーンを押し込むので、心愛さんと勇一郎氏が止め、喧嘩になったのだという。聡子さんは育児ができず、心愛さんが次女の世話をさせられていると話していた。

心愛さんが再び野田の実家で生活するようになると、良子さんは、心愛さんの変化に気がついた。以前は食事を摂るのが遅かった心愛さんが、貪（むさぼ）るように食べるようになっていたのだ。

真由さんが、心愛さんに理由を尋ねると、

「ママが二日間ご飯作ってくれなくて、自分で卵焼き作った」

と、ひもじい思いをした経験を話し始めた。

真由さんは、心愛さんにとって母親代わりだった。心愛さんは、授業参観にも両親ではなく真由さんに来てほしいとねだり、真由さんと良子さんが行くこともあった。

心愛さんからよく、

「私のママじゃないから、独占しちゃだめだよね？」

と真由さんは尋ねられ、複雑な心境になったという。

振り返ると、確かに事件の予兆と思われる出来事が思い出される一方で、それ以上に勇一郎氏と仲のよい心愛さんの様子も側で見ていた。

「『ここはパパと行ったところだよ』とか、『これパパと観た映画だ』と、よく兄の話をしてくれました」

また、体育が苦手な心愛さんが、マラソン大会で最下位だったときも、

「パパが褒めてくれた」

と喜んでいた。勇一郎氏は落ち込む心愛さんに、順位は関係なく、最後まで走ったことが偉いと褒めて慰めていた。

心愛さんは実家から休まず学校に通っており、クラスでは学級委員に選ばれるなど活

発な面が見られるようになっていた。ところが実家でのびのび生活する心愛さんを、勇一郎氏と聡子さんは快く思ってはいなかった。

「勇一郎は言い出したら聞かないところがあるので、子育てでも厳しいところはあったと思いますが、節度はあると思っていましたから……」

良子さんは当時を振り返りそう話す。

「心愛はかわいいけど、兄夫婦の子どもなので、私がどこまで関わるのがあの子のためなのか、正直悩んでいました」

幼い子を持つ真由さんは心愛さんのことだけを考えられる状況にはなく、守ってあげられなかった自責の念に今も苦しめられている。

## 遺族としての後悔、加害者家族としての責任

二〇二〇年二月十八日、千葉県柏市内の会議室にて、栗原心愛さんの祖母であり、栗原勇一郎氏の母親である良子さんによる記者会見が開かれた。

この会見は、私が設定したものだった。目的は、週末から始まる裁判員裁判に向けて

報道が再び過熱するおそれがあり、私が報道陣への窓口として一定の情報を出す代わりに、親族の自宅周辺への取材や直接取材を控えてもらうことだった。

事件から一年が経過し、家族は転居先でようやく普通の生活を送ることができるようになっていた。報道が再過熱し、再び転居を余儀なくされるような事態を避けるため、取材対応として提案していた。

また、良子さんや真由さんは、世間からは一方的に「加害者家族」として厳しい批判に晒されているが、同時に遺族でもあった。会見を通して、被害者遺族という側面にも焦点を当ててもらうべく、決行した。

良子さんは、裁判員裁判では検察側及び弁護側双方の証人として証言することが予定されており、質問は、裁判に関する内容以外に限定した。

会議室には地元のテレビ局と新聞社の多くが詰めかけ、改めて事件の影響の大きさを痛感した。

まもなく公判を迎えるというのに、接見禁止命令は解除されず、家族は未だに勇一郎氏と面会できずにいた。

息子の性格について聞かれると、良子さんは、

「地球は四角いと思ったら、それが正しいと通すほど頑固」

と話す。幼い頃はぜんそくがあったが、明朗快活で友達が多かったという。小学校から野球少年で体育会系だった。

事件の予兆について、心愛さんが亡くなる直前の二〇一八年末、心愛さんが野田市のアパートに戻るために良子さんの家に置いてある荷物を取りに来たことがあった。心愛さんが、荷物を鞄に詰めていると、勇一郎氏は「もたもたするな」と急かしたという。

「そんなきつい言い方しなくても……、と言ったのは覚えています」

心愛さんが亡くなるまでに何があったのか、良子さんが勇一郎氏に聞いてみたいことは山ほどあった。報道から伝わる心愛さんに対する数々の惨（むご）い仕打ちに、心愛さんの位牌に手を合わせながら「本当なの？」と問い続けることもあった。

心愛さんは良子さんを「ばあば」と呼んで慕っており、誕生日には編み物の手作りのプレゼントにメッセージカードを添えて贈ってくれた。

心愛さんは、「パティシエになるのが夢」と話しており、クリスマスには、真由さん

の子どもたちと一緒にクリスマスケーキを作って大喜びしていた。

「お正月にはおせちを作ろうと思っていたのですが……」

良子さんは、心愛さんが亡くなる三カ月前に小学校で書いた「自分への手紙」を持参していた。

「未来のあなたを見たい」「あきらめないで」と、自分を励ますような言葉を綴った背景を思うと、過酷な状況の中で必死に生き抜いていた心愛さんの姿が目に浮かぶ。

「心愛ちゃんを返してほしい……」

良子さんは、会見の最後、堰（せき）を切ったように涙を流しながら訴えた。

## 法廷で明らかになった凄絶な虐待

二〇二〇年二月二十一日、千葉地方裁判所において、傷害致死罪等で起訴されている栗原勇一郎被告の裁判員裁判の初公判が始まった。傍聴希望者は四〇〇人以上を数え、地元での関心の高さが窺（うかが）えた。

勇一郎氏は公判中、入廷の際には必ず、裁判官・裁判員席、傍聴席、検察官席とそれぞれに深々と頭を下げて着席していた。このようなパフォーマンスともとれる行為は、検察官や裁判官・裁判員だけでなく、多くの傍聴人を苛立たせ、「外面はよいが残忍」という印象を裏づけた。

勇一郎氏の心理鑑定を行った鑑定人は、こだわりの強さを指摘していたが、こうした行動からも礼儀に関する彼なりのこだわりが伝わってきた。

被告への起訴事実は六件。被告人席に立った勇一郎氏は、

「罪状認否にあたって、一言申し上げてもいいですか」

と裁判長に尋ねた。

「私の気持ちです」

勇一郎氏は、手元のメモ用紙を開き、

「事件直後から今日まで娘にしてきたことが、躾を超えていたと反省してきました……。ミーちゃんに謝ることしかできません。本当にごめんなさい。心から反省し、事件直後から（取り調べなどで）お話ししてきました。『悪いことをしたと思っていない』と話したことは天地神明に誓ってありません」

と涙ながらに話した。一方で、心愛さんへの暴行罪については、

「暴力はしていません」

と否定した。その後の答弁は以下のような調子であった。

第二の罪状である、二〇一八年七月、心愛さんに浴室内で排便させ、大便を手に持たせ、携帯のカメラで撮影した強要罪について、

「間違いありません」

第三、二〇一八年十二月三十日から二〇一九年一月三日まで、心愛さんの両腕を摑んで引きずったのち引っ張り上げ、その手を離して体を床に打ちつけ、顔や胸を圧迫するなどして全治一カ月の顔面打撲と胸骨骨折を負わせた傷害罪について、

「両腕を引っ張り上げたことは認めますが、手を離して床に打ちつけたこと、圧迫や暴行はしていません。一カ月の怪我を負わせたことはありません」

第四、二〇一九年一月一日頃、妻の胸倉を摑んで顔を殴り、押し倒して馬乗りになって、妻の太ももを蹴るなどの妻への暴行罪について、

「顔を平手打ちしたこと、馬乗りになったことは認めますが、胸倉を摑んで太ももを蹴

ることはしていません。罪については争いません」

第五、二〇一九年一月五日頃、「風呂場行けよ、行け」などと嫌がる心愛さんの服を摑んで廊下に出し、浴室に行かせて脱衣所に立たせ続けた強要罪について、

「間違いありません」

最後に、核心となる傷害致死罪について、二〇一九年一月二十二日の夜から二十四日にかけて、飢餓状態やストレスで衰弱させても構わないと考え、心愛さんに食事を与えず、リビングや浴室に立たせ続けたり、肌着のみで浴室に放置するなど十分な睡眠をとらせなかったこと、二十四日には、水に濡れた肌着だけを着た心愛さんに冷水を浴びせ、リビングでうつぶせにさせて背中の上に座り、両足を摑んで体を反らせるなどし、夜には寝室に入ろうとした心愛さんを浴室に連れ込み、シャワーで顔面に冷水を浴びせて、飢餓状態やストレスで死亡させたことについて、罪は争わないとしながら、そうした行為は否定した。

勇一郎氏は虐待の一部始終を動画に記録していた。法廷では、その動画が再生された。傍聴席からは画像は見えないが、心愛さんが勇一郎氏に叱られ、大泣きしている音声が

法廷に響き渡った。

「ギャー」

という心愛さんの叫び声に裁判員がショックを受け、一時休廷となる一幕もあった。

**「まさかここまで酷いことをするとは……」**

この日、勇一郎氏の父親の供述調書が読み上げられた。心愛さんについて、

「性格は穏やかで優しく、周りに気遣いができて素直。私にとってはかわいい孫」

一方、心愛さんの母親については、

「息子から、心愛と次女については育児放棄のような状態だと聞いており、嫁とは認めず、自宅に入れたことはなかった。会話もなかった」

虐待については、

「心愛の体に痣を見つけた娘から『家族だろうが何だろうが通報すべき』と言われた。しかし、息子が虐待をしていると認めたくない気持ちが半分、仮にそうでも息子を通報することに抵抗があったのが半分。心愛を預かっていれば大丈夫だろうと思い、通報し

なかった。しかしこのとき、厳しい心を持って通報すればよかった」

そして、勇一郎被告について、

「（心愛は）たった十歳で、いろいろな可能性があるはずでした。小さな命を救えず、後悔しています。勇一郎がまさかここまで酷いことをするとは思っていませんでした。心愛に申し訳ないです。勇一郎は息子ですが、人間として許せません。できればもう縁を切りたいです。心愛が成仏するためにも、残された家族のためにも、勇一郎は知っていることを話し、処罰されるべきだと考えます」

という内容が検察官から読み上げられた。

「縁を切りたい」と今も感じているか、初公判後に被告の父親に電話で聞いたところ、

「あのときはそう言ってしまったかもしれないが、そうは思っていない。きちんと罪を償ってほしい」

と話していた。父親と真由さんは、検察庁で勇一郎氏が撮影していた虐待の動画を見せられており、家族といえども、怒りが込み上げてくる瞬間はあったに違いない。

勇一郎氏は、冒頭で意見を述べたときは涙ぐんでいたが、その後は表情ひとつ変えず

にまっすぐ正面を見続けていた。

第二回公判では、検察側の証人として、勇一郎氏の母親の良子さんと妹の真由さんが証言をした。

終始無表情の勇一郎氏だったが、母親と妹が証言したときだけは、体を震わせて涙を拭っていた。家族にとっても、勇一郎氏の姿を見るのは一年ぶりだった。勇一郎氏は拘置所の中で家族のことを心配していると発言しており、間近で元気な姿を見て安心したようだった。

しかし、ここでの家族の役割は検察側の証人であって、勇一郎氏の犯罪の立証に協力し、厳しい罰を与える立場にもなりうる。

「心愛は大切な娘です。心愛はお兄ちゃんたちのおもちゃじゃない！」

真由さんは感情を抑えられずに、そう叫んだ。「遺族」としての思いが勇一郎氏にどれだけ伝わっていたのか、その表情から感じ取ることはできなかった。

## 被告についての妻の証言

第三回及び第四回公判は、勇一郎氏の妻・聡子さんが法廷で証言した。勇一郎氏は聡子さんから離婚訴訟を提起されていたが、この時点で離婚は成立していなかった。

聡子さんもまた、心愛さんへの傷害幇助（ほうじょ）の罪に問われ、二〇二〇年六月二十六日に千葉地方裁判所で懲役二年六カ月、保護観察付き執行猶予五年の判決が言い渡されていた。

妻への尋問は、プライバシー保護のため、法廷ではなく別室からのビデオリンク方式が採用されていた。傍聴席には声しか聞こえてこない。

勇一郎氏との出会いについて、沖縄で勤めていた会社で当時二十歳のときに知り合い、勇一郎氏は二十九歳だった。最初は明るくて優しい印象だったが、次第に勇一郎氏と交際する前の交際相手のことで干渉されるなど、束縛されるようになっていったという。元交際相手が同じ職場の男性であったことから勇一郎氏から退職するように言われ、退職した経緯があった。

被告からのメールや電話も頻繁にあった。二〇〇八年、聡子さんの妊娠をきっかけにふたりは入籍するが、三年後には離婚している。聡子さんは心愛さんを産んだ後、「産後うつ」と診断され、心愛さんを連れて実家に戻った。心愛さんの親権は聡子さんが持っていた。

二〇一六年の夏頃、聡子さんが勇一郎氏に連絡し、翌年、聡子さんが二十九歳、勇一郎氏が三十八歳、心愛さんが小学二年生のとき、再婚した。勇一郎氏と連絡を取ろうと思ったきっかけについて、

「離婚してから私は、勇一郎のことがどうしても頭の中から離れずにいて、勇一郎に連絡を取りたいと思うようになったからです」

再婚してからは、沖縄のアパートで心愛さんと三人で生活していた。この頃も勇一郎氏の束縛はあったが、心愛さんへの虐待はなかった。同年、次女を出産。また精神が不安定になり精神科に入院し、心愛さんは再び実家の両親に預けることになった。

ところが、心愛さんが学校で熱を出した際、学校は勇一郎氏に連絡をしたため、心愛さんを迎えに来た勇一郎氏がアパートへ連れ戻すことになった。その後、勇一郎氏は娘ふたりを沖縄から千葉県野田市にある被告の実家に連れていった。

聡子さんは退院後、勇一郎氏との再婚を両親に反対されていたことから、両親には何

も告げずに沖縄から野田市に引っ越した。

心愛さんに再会し、野田市の実家での生活について聞くと心愛さんは「地獄だった」と訴えた。夜中に勇一郎氏から起こされたり、立たされたり、妹の世話をさせられたりしていたという。

心愛さんは、同居している叔母（真由さん）に話し、真由さんは両親にも伝えたが、勇一郎氏が「心愛の言うことを信じるのか」と両親を説得したため、信じてもらえなかった。

聡子さんは野田市のアパートで夜目が覚めると、心愛さんが布団をかけていなかったり、床の上に正座をしたりしているのを見たという。

二〇一七年十一月に、心愛さんが通っていた山崎小学校でいじめに関するアンケートが実施された。心愛さんは、このアンケートで父親からの暴力を告発している。

その後、心愛さんは児相に一時保護されることになった。

勇一郎氏は学校や児相の対応に怒り、一時保護が解除されたとき、聡子さんを通して心愛さんにアンケートの事実を否定する文章を書かせている。聡子さんは、心愛さんに

「お父さんにたたかれたというのはうそです」といった手紙を自宅で書かせていた。

勇一郎氏は、児相に心愛さんをまた連れていかれないように妻に周囲を監視させ、結果をＬＩＮＥで報告させていた。

勇一郎氏は、罰として何時間も心愛さんを立たせたり、スクワットをさせたりしていた。聡子さんは心愛さんの体の痣も見つけていた。痣が学校で見つかると、また児相に通報されると思い、心愛さんを休ませると学校に連絡した。

いずれも虐待行為の隠蔽だが、聡子さんは勇一郎氏が怖くて、従うほかなかったという。

二〇一八年末、実家に預けられていた心愛さんが野田市のアパートに戻ってくると、勇一郎氏による虐待は酷くなり、やがて心愛さんは顔にまで痣ができてしまう程だった。勇一郎氏は、年始に家族旅行を計画していたが、心愛さんの顔の痣を他人に見られると困るので、ホテルをキャンセルしたという。

法廷では、勇一郎氏と聡子さんが一緒に心愛さんを責め立てている動画が流された。

「責任取れよ、年末年始、年末に戻せ、大みそかの日に戻せ！」

などとふたりで心愛さんを責め立てていた。聡子さんは、

「心愛に対してではなく、勇一郎に対するストレスを心愛にぶつけてしまった」

と証言した。

## 頼りにならない大人たち

全十回の公判も、半分が終わろうとしていた。第五回、第六回の公判では、心愛さんが通っていた山崎小学校の担任と、担当の児相職員、児童心理士の証言が行われた。非力な母親同様、やはり非力な大人たちの証言が続いた。

三人の証人は、プライバシー保護のため傍聴席から姿が見えないように遮蔽（しゃへい）措置が取られていた。三人とも比較的若く、証言の内容からも頼りない印象だった。

心愛さんはなぜ、いじめのアンケートで父親からの虐待を告発したのか、私はずっと気になっていた。真由さんや良子さんは、心愛さんには少しズレたところがあり、趣旨を理解せずに書いたのではないかと話していたが、親からの虐待で悩んでいたとすれば、まず担任や保健の先生などに相談することを考えるのではないだろうか。

ところが、担任の証言を聞いていて、非常に頼りない印象を私は受けた。複雑な環境下に置かれている子どもたちは、ときに鋭い洞察力を働かせることがある。多くの人の目に触れる可能性のあるところで告発し、権限のある大人に助けを求めていたのではないかと私は考えた。

心愛さんを担当した児童心理士は、証言の最後に「心愛さんのことは今でも夢に見る。私が殺されても守りたかった」と法廷で泣き叫んだ。気の毒だとは思ったが、専門家であるならば、公の場で個人的な感情をぶちまけるよりも、冷静に問題を分析してほしかった。「殺されても」といった表現も、不適切に感じた。

勇一郎氏は、児相との面談の一部始終を録音していた。勇一郎氏は担当職員に対し、「問題があれば直していきたい」と度々助言を求めているにもかかわらず、一切回答はなく、毎回、その場しのぎの対応をしているとしか受け取れない内容だった。

勇一郎氏や彼の父親は児相と対立しており、一筋縄ではいかない家族であることは理解できるが、この程度の対応に苦慮しているとすれば、多くの虐待親は無罪放免になってしまうだろう。

加害者が最も悪いのは言うまでもない。しかし、裁判を傍聴して、改めて児相の対応にも問題があると言わざるを得ない。

なぜ児相は、加害者側の親族に心愛さんを任せてしまったのか。勇一郎氏と家族の関係は悪くない。それゆえ、勇一郎氏の行動に対して甘さが出ることも当然である。心愛さんを預かっていた勇一郎氏の家族も、いつまで祖父母と暮らすのが心愛さんにとってよいのか頭を悩ませていた。それにもかかわらず、児相は相談に乗る姿勢すら見せていなかった。

## 心愛さんの戦い

第七回公判では、被害者心理や児童虐待被害の専門家である小西聖子(たかこ)教授の証人尋問が行われた。

心愛さんが、父親の虐待をアンケートで告発したことについて教授は、

「虐待を受けていた子どもとしては力がある。小さい頃から虐待が続いている子どもでは難しく、心愛さんは虐待が始まって間もないことから、虐待に疑問を持つ能力があっ

た」

と評価していた。

法廷では、心愛さんが父親に暴言を吐いているテープも公開されていた。

「てめー早く会社行けよ！　てめー早く会社に行けよ！」

子どもとは思えない凄みのある口調で、父親を罵っていた。心愛さんは、母親の口調をまねて、暴言を吐くことがあった。

心愛さんは真由さんや良子さんの前で決して汚い言葉を使うことはなかったことから、ふたりはとてもショックを受けていた。両親と暮らす野田市のアパートがどれだけ殺伐としていたのか、想像しがたい事実だった。

年末の旅行のキャンセルを、勇一郎氏と聡子さんから咎められたときも、

「許せよ！　家族に入れろよ！」

と反撃している動画が流れていた。

多くの人が「いい子」とまるで天使のように心愛さんを語るが、裏を返せば、周りの人々は誰も心愛さんが抱えている問題に気がついていなかったということである。心愛

さんは、ひとりで虐待と戦っていた。

子どもを虐待する加害者の心理に関して裁判員から質問がくると、教授は、

「自己愛の強い人は、子どもの言葉でも攻撃と感じることがある」

と証言していたが、その言葉が私の心に引っかかった。勇一郎氏は、心愛さんの存在にどこか恐怖を抱いていたのではないかと感じたのだ。

実際、野田の祖父母を頼る心愛さんを「俺の実家に勝手に入るな」と叱りつけている。心愛さんが両親との生活を嫌がり、実家に行きたがることは、子どもが満足する環境を与えられていないという勇一郎氏の劣等感を刺激していたに違いない。

## 被告が虐待を否定し続ける理由

勇一郎氏の裁判員裁判は、二〇二〇年三月九日に結審を迎えた。検察側は、被告人の犯行について「筆舌に尽くしがたい壮絶な虐待」「比類なき重い事案」として懲役十八年を求刑した。

三月十九日、千葉地裁が言い渡した判決は懲役十六年。「犯行態様の異常なほどの陰(いん)

惨さとむごたらしさ、固着したとも評すべき心愛への虐待意思等が浮かび上がっている」「本件は、量刑傾向を大きく超える極めて悪質性の高い事案であるといえる」として、「死者一人の傷害致死罪全体の最も重い部類と位置づけられるべきである」と判示した。

本判決は「被告人の意思決定には、酌量の余地などみじんもなく、極めて強い非難が妥当する」と判示したが、弁護側から被告人に有利な情状は全く示されず、私は求刑通りの懲役十八年を予測していた。

弁護側は、傷害致死罪について罪は争わないとしながら「飢餓状態にしたりストレスを与えて衰弱させたことはない。立たせたり冷水シャワーをかけたことはない」などと虐待について一部否認し、最終弁論では「躾が行き過ぎた」「日常的な虐待はなかった」と主張した。

勇一郎氏は虐待について「娘が暴れたので押さえつけた」、夜中に立たせたりしたことについては「娘が自分からやると言った」という主張を最後まで貫き、解剖医や精神科医の証言から主張の矛盾を何度指摘されても、「事実しか話していない」と虐待を認めることはなかった。

勇一郎氏自らが撮影した心愛さんが泣き叫ぶ動画が流れたとき、傍聴席に聞こえるのは音声だけであったが、苦しさから息も絶え絶えに助けを求める心愛さんの声や、飛び交う暴言の数々に、傍聴席では涙を流す人や怒りを露わにする人が絶えなかった。

怒りと悲しみが渦巻く傍聴席の雰囲気が被告人席に伝わっている様子はなく、勇一郎氏は表情一つ変えずに真っすぐ前を見つめていた。

勇一郎氏は、なぜ虐待を否定し続けるのか。本件では、動画や録音、ＬＩＮＥでのやり取りなど虐待の一部始終が記録されており、動かしがたい証拠を自ら残しているにもかかわらず、である。

自らの行為を否定するのみならず、娘が誘発したかのように主張することは、「無駄な抵抗」としか言いようがない。被害者は貶（おとし）められ、家族は恥をかき、当然、刑は重くなる。なぜ、自ら厳罰を招くような無駄な主張を繰り返したのか。

接見禁止が解除された二〇二〇年三月九日、筆者は初めて勇一郎氏に面会した。そのとき確信したのは、勇一郎氏が未だに社会的な「虐待」の意味を理解していないということである。どういう行為が虐待か、誰も彼に説明していないのだ。

勇一郎氏は犯行当時から少しも変わっておらず、それどころか接見禁止によって弁護人以外との交流が遮断されたことで自分の世界観を強固にし、加害性が増したとさえ感じた。

虐待や性暴力の加害者には少なからず「認知の歪み（ゆがみ）」が存在し、自己の価値観において、加害行為を正当化していることが多い。加害者に罪を認識させるためには、まず「虐待とは何か」を理解させなくてはならない。たとえば、加害者は「相手に恐怖など与えていない」と弁解するが、被害者との間には圧倒的な力や立場の差が存在することを知らしめるとともに、女性や子どもだったらどのように感じるかといった対話を繰り返し行う必要があるのだ。

勇一郎氏はこだわりが強く、コミュニケーションには工夫を要するが、重大事件を起こした犯罪者の多くがその傾向を有しており、逮捕から公判までの一年の期間に認識のズレを埋めていく教育は十分できたはずである。

勇一郎氏の性格について、証人らが「権威に従順」と評価しており、その特性を理解したうえでアプローチすれば、せめて公判において心愛さんの尊厳を貶める発言を控えさせることはできたはずである。

勇一郎氏は、無駄な否認を続けたことによって親族や適切な支援者との交流が遮断され、自らの考えを客観視する機会がないまま、認知の歪みがさらに増した状態で裁判に臨むことになったのである。

## 裁判で掘り下げられなかった動機

勇一郎氏はこれまで大きな問題を起こしたことはなかったわけだが、なぜ娘を虐待死させるに至ったのか、その動機を掘り下げるべく「情状鑑定」の実施を私は提案した。

二〇一九年末にようやく実施できたものの、公判において、勇一郎氏が虐待に至った背景について言及されることはなかった。

「情状鑑定」とは、被告人が犯行に至った動機について、面接や心理検査を通して性格や知能、生育歴などから分析することであり、加害者家族支援においては、刑の減軽よりも、家族がこの先、被告人とどのように関わっていくべきかを導くために重要な役割を果たしている。

これまで情状鑑定を通して、被告人自身も認識していなかった問題が見つかった事例は数多くある。

刑務所では面会できる回数や人物は限定され、受刑生活の大半は作業になる。そのため、加害者本人だけで罪と向き合うのは難しいと言わざるを得ない。

これまで数多くの犯罪者を見てきたが、判決確定までに自分の問題を認識できたうえで服役するのと、犯行当時と意識が変わらないままで服役するのでは、出所後の生活は大きく異なる。逮捕から公判開始まで一年以上を要するが、この期間を更生につなげることができるか否かは、弁護人の力にかかっているのだ。

しかし、裁判員裁判の国選弁護人である二人の男性は、虐待やDV（ドメスティック・バイオレンス）への理解に乏しく、刑事裁判にも不慣れだと感じた。勇一郎氏が考えを改めるべく助言を求めても無視され、家族に対する対応への助言についても同様だった。

そして控訴審で弁護人が替わり、勇一郎氏が適切な弁護を受けられるようになったことで、ようやく客観的な加害事実と向き合えるようになった。

情状鑑定を行った鑑定人は、勇一郎氏の人物像について「他者評価を過剰に気にする傾向、社会的、知的能力と現実との乖離（かいり）、他者との安定した関係構築への著しい困難、集団生活でのいじめによる傷つきや集団適応への努力として暴力を矮小化（わいしょうか）する傾向など」が事件を後押ししていると分析し、これから家族と共に勇一郎氏の更生を支えていくにあたって、注意しなければならない五つの点を指摘している。

①親密な関係における支配・暴力への肯定的認知傾向

職場では良好な社会的振る舞いができていたと想像される一方、家庭内では、家族とはこうあるべきという考えに固執し、自身より立場の弱いパートナーや被害者に対しては、衝動的な勢いを利用しながらも、選択的に暴力をふるっていたと考えられる。

社会で抑制していた支配や攻撃、思うように振る舞うことのできない苛立ち等が、被害者に向かって表出されていたとも推察される。

②被害的な認知

児相とのやりとりの中で、本人が心理的、養育環境的に追い詰められ、さらにその状況から生じる焦りが高まり、被害者が本人の言うことを思うように聞いてくれない不満等が増大し、被害者に対して極めて厳しく暴力的な行動が増すという悪循環に陥った。

先行する虐待の事実によって保護の必要性が生じたのは本人の行動の結果であるにもかかわらず、児相のせいで育児問題が明らかになれば長期の保護は免れないと感じたことが、虐待を後押しした要因であると認識している。児相の対応によって虐待を強いられた側面があると考える、その逸脱した認知からは、社会的に追い込まれており、常識的で合理的な考えを維持することが困難な心理的状態が想像される。

③家族関係に対する認知の偏りについて

いつも一緒に仲よく過ごすことがよい家族である、という非常に強いこだわりがある。いつも仲よく過ごすということとは、プレゼントを贈り合う、外出は華やかなところに行くことである、といった社会的に好ましい評価、物質的な行動に偏った認識が見られる。

本人が想定するような良好な家族関係にならない場合、本人に強い不快感が生じ、なぜよき家族を作ることを邪魔するのか、と被害者やパートナーに対して極めて強い他罰的な認知や感情の行動化が繰り返し生じてきた。

④自身の行動選択を他者の責任に帰する傾向

本件を通じて被害者のためにとったと述べる行動の独善的な傾向の背景には、うまくいかない状況に陥ると、本人の計画を他者に妨げられたと受け止める主体性の脆弱さが指摘できる。

子どもの心身の安全や健康よりも、本人のこだわる理想や計画の遂行に関し自己中心的な発想に陥りやすく、そのことを肯定的に捉えている。

⑤孤立した育児環境について

ひとりで子どもの養育に携わる機会が多かったが、支援を受ける必要性を認識していなかった。

子どもの成長の仕方は多様であり、特に乳幼児期〜学童期〜思春期に生じる心身の変化は、大人の推測以上の不安定さを生じると言われる。そのような子どもの発達の変遷で生じる変化や不安定さを否定的にとらえ、他者を頼ることへの抵抗感から社会的に孤立していた実情もあったのではないかと推察される。

勇一郎氏は、心愛さんに対して育てにくさを感じていたが、その困惑を誰にも率直に示すことができなかった。児相が介入することで、父親としての未熟さを指摘されることへの恐怖もあったに違いない。

## ロスジェネ世代のルサンチマン

勇一郎氏は一九七七年生まれで、「ロストジェネレーション」と言われる世代である。転職を繰り返し、非正規雇用ゆえ一家四人での生活は親の援助によって成り立っていた。さらに裁判では、二〇〇万円以上の借金があることも判明した。

七十歳前後の両親による経済的援助は、永遠に続くわけではない。当時、九歳の心愛さんと生まれたばかりの次女、双極性障害を抱え家事や育児が困難な妻との生活は、近い将来、破綻を迎えたはずだ。

公判で、勇一郎氏は両親について尋ねられると、「何不自由のない生活をさせてもらい感謝しています」と述べた。

公判中、勇一郎氏はほとんど表情を変えることはなかったが、家族が証言する際は必ず涙を流しており、面会においても家族の話題になると、度々涙ぐむのである。

家族は経済的援助に止まらず、心愛さんや次女の養育にも協力を惜しまなかったが、勇一郎氏は家族からの援助を当然とは思わず、後ろめたく感じ、年を重ねるにつれ、早く自立しなければと焦燥感を募らせていたようである。

勇一郎氏の世代は、学校では体罰が正当化され、暴力に鈍感な社会で育てられた。当然、「虐待」についても「躾」として正当化されてきた部分が大きいはずである。ただし、両親は勇一郎氏に対して暴力や、過度な勉強を強いる教育虐待を行ったことはない。

勇一郎氏は小学校から野球少年で、かなり厳しい練習に耐えてきた時期もあった。心愛さんに、スクワットや駆け足を強いる勇一郎氏は、まるでドラマに出てくる「鬼監督」のようで、過去の体験が影響していると思われる。

勇一郎氏は女性に対しては一途で、交際するなら結婚という保守的な考えを持っており、家庭を築くことに対する執着は強かった。経済的な自立が難しくても、「家庭を持って一人前」という価値観からは自由になれなかったのかもしれない。

心愛さんとは七年も離れて暮らしており、血が繋がっているといえども現実的には他人同然で、親子関係をイチから構築することは容易ではなかった。それでも強引に理想の家族に近づけようとしていた。

父親を尊敬して育った勇一郎氏にとっては、父親であれば無条件に尊敬されるという思い込みがあった。心愛さんは、「てめー早く会社行けよ！」などと父親に暴言を吐くことがあったが、勇一郎氏が自分に従わせようとすればするほど心愛さんは反抗し、虐待は陰湿化していった。

心愛さんには漏らした便を持たせて写真を撮るといった、かなりの屈辱が与えられている。父親は尊敬されるべき、女性は従順であるべき、子は親に従うべきと考える者にとって、「娘」から反抗され、時に暴言を吐かれることは、この上ない屈辱と感じていたに違いない。

## 互いの親との確執

裁判では、心愛さんや聡子さんへの加害行為に焦点が絞られていたが、勇一郎氏と面会や文通を続けるうちに、事件に至るまでには双方の親との関係にも問題があったことがわかった。

勇一郎氏の両親は、育児放棄をする聡子さんを嫁とは認めておらず、聡子さんの両親もまた支配的な勇一郎氏を娘婿とは認めていなかった。

公判で聡子さん自らが証言していたが、聡子さんは勇一郎氏と交際しているとき、同じ会社の上司と不倫をしており、勇一郎氏が別れてほしいと言っても、なかなか聞き入れなかった。

沖縄では、子どもを巡って、聡子さんの両親と勇一郎氏は度々対立していた。

聡子さんの両親は、勇一郎氏のアパートに突然来て、子どもたちを連れていってしまうことがあった。その後、一方的に生活費としてかかった金額を支払わされるなどしたことから、勇一郎氏は沖縄県警の生活安全課に相談をしていた。聡子さんの沖縄の実家で生活していた心愛さんは、祖父母から勇一郎氏のことを決してよく言われてはいなかったのではないかと思われる。そうした影響を受けた心愛さんの言動も、勇一郎氏にとっては怒りの引き金になっていった。

心愛さんは、時々勇一郎氏を「てめー」と呼び、バカにするような言葉を使うこともあった。

余裕のあるときならば、子どもの言葉として受け流すことができたかもしれない。しかし、病気で育児のできない妻を抱えてのワンオペ育児で数時間しか睡眠がとれない状況が続く生活では、些細な子どもの悪口さえも大きなストレスになっていた。

## 妻との共依存

聡子さんは病気の影響もあり、常に相手の要求に従ってしまう傾向があった。勇一郎氏と再婚後も不倫相手とは別れておらず、不倫相手が沖縄のアパートに来て勇一郎氏と鉢合わせになったこともあった。

勇一郎氏がいないときを見計らって性行為をしていたのを心愛さんが目撃しており、勇一郎氏に訴えていた。なぜ別れないのか問い質しても、「お世話になったから仕方がない」と言い訳されたという。

そういう妻なら別れればよいだけなのだが、自分の意思がない妻に対して、勇一郎氏は庇護欲を強めていくのだった。

聡子さんが次女を出産し産後うつになり、沖縄の精神科に入院していたとき、あろうことか看護師から性的嫌がらせを受ける事件があった。勇一郎氏は病院に訴え、看護師はクビになったが、この一件も勇一郎氏が社会不信を抱くきっかけになっている。

心愛さんが亡くなるまでの聡子さんと勇一郎氏とのＬＩＮＥのやりとりはすべて記録されており、聡子さんが心愛さんの様子を自宅から勇一郎氏に送った内容の一部は次の通りである。

二〇一九年一月七日午前八時四十九分

「びっくり！　私と〇〇（次女）が寝てるのを見計らって、静かに部屋から出てきて勝手に冷蔵庫開けて飲み物飲もうとしてたよ！　麦茶飲ませたら、飲み終わった後にレモンティーちょうだいって！　本当にありえないんだけど！　とりあえず、勝手に部屋から出てこないように言ったけど、絶対またすぐ出てくるね！」

一月七日午後一時十八分

「〇〇が寝てるから、部屋から出てこないでって言ってるのに、四回くらい出て来ているよ！」

一月七日午後六時五十七分

「今は頭痛いだのふらふらするだの得意の演技しているけど、私たちが本当に出かけていなくなったら何するかわからない」

一月八日午後五時五十五分

「また、自分からお茶下さいとか言ってるよ！」

「しかも、さっき甘いものないよね？　って言われたんだけど！　マジでお前は何様か？　って思うし、むかつくね！」

「今日は、パン完食してたよ！」

「相変わらず丸めてたけど、あの食べ方も見ててむかつくね！」

裁判員裁判で、聡子さんは支配的な勇一郎氏に対抗し、なんとか虐待を止めようとしていたと証言していたが、この文面からは心愛さんの勝手な行動に苛立っているようにも感じられる。

聡子さんは勇一郎氏の両親に対し「クソジジイクソババア死ね」などと暴言を吐いたことで、野田の実家には迎え入れてもらえなかった。それゆえ聡子さんは、心愛さんが度々実家に出入りすることをよく思ってはいなかったと、心愛さんは真由さんに話していた。

「心愛も次女も、彼女に子育ては無理なんです」

自分がひとりで娘たちを育てなければという勇一郎氏のプレッシャーも、虐待に繋がっていたのではないかと思われる。

## 親世代との経済格差が生む加害

経済的にゆとりのある家庭で育った勇一郎氏が、父親と同じ条件で働いていたならば、家族間のトラブルにもある程度余裕を持って対処でき、虐待死のような重大事件を起こすことはなかったのではないかと私は考えている。

近年相談を受けてきた虐待事件では、虐待の世代間連鎖ではなく、むしろ育った環境とのギャップが加害を生んでいるケースが増えていると感じる。本件と似ているケースを紹介したい。

田中幸子さん（仮名・七十代）の長男・達也（仮名・四十代）は、小学生の子どもがいる女性と結婚し、ふたりの間にも子どもが生まれていた。親子四人で暮らしていたアパートで、近所から怒鳴り声や子どもの泣き声がうるさいと通報され、警察が来たことがあった。

達也は詐欺事件で逮捕され、服役した過去がある。達也の父親は銀行員で、母親の幸子さんは専業主婦だった。何不自由ない環境で育った達也だったが、大学卒業後、就職がうまくいかず、非正規社員の道を余儀なくされる。

当時交際していた女性に結婚を申し込むが了解を得られず、海外旅行に連れていったり高価なプレゼントをして心を繋ぎとめようとした。そこで借金がかさみ、詐欺に手を染めてしまった。一流企業に採用された弟はすでに結婚して家庭を築いており、焦燥感を募らせていた時期だった。

出所後、アルバイト先で知り合ったシングルマザーと交際を始め、しばらく安定した生活が続いていた。彼女の息子とも仲がよく、実の息子のようにかわいがっていた。

ところが幸子さんによると、女性が妊娠し、子どもが生まれた頃から、達也の表情に余裕がなくなってきたという。

「孫ができたことは嬉しかったですが、生活が成り立つのかという不安は拭えませんでした。結婚してからのほうが、親としての心配事が増えました」

出所後の達也の生活を支えていたのは両親だった。貧困ゆえにまた事件を起こされては困ると思い、家賃と生活費の一部を援助していた。それでも収入は達也のアルバイト代だけで、家族四人の生活に余裕はなかった。

達也は、待遇のよい飲食店に転職するはずだったが、コロナの影響で白紙になってしまった。

妻は出産後体調が悪く、達也は子どもの面倒を見ながらアルバイトを掛け持ちし、再就職先を探した。コロナ禍でもあり、条件に見合う転職はできず、仕事のことで妻と喧嘩することが増え、また借金を作り始めていた。

「達也は弟の面倒をよく見てくれる優しい子だったので、まさか子どもを虐待するなんて考えられませんでした」

と母親の幸子さんは話している。

幸子さんによると、達也は妻のいないところでは、小学生の息子に食事を与えなかったり、ベランダに立たせるといった虐待をしていたという。達也は、息子を虐待した理由について「家族のために遅くまで働いて疲れて帰ってきているのに、家の手伝いもしない息子が許せない」と、虐待ではなく躾だと主張した。

達也は、妻から離婚を要求され、その後、家族の説得により離婚に応じた。最近になり、「自分に家族を作るのは無理だった」と問題に気づき始めている。

就職氷河期世代の非正規雇用で働く人々の中には、親ほど稼ぐことができない人も多いはずだ。家庭を持つことを諦める人がいる一方で、家庭を持ったとしても、自分が育った生活水準と同じような家庭を築くことができない。こうした経済状況に加え、稼いで妻子を養うことが男の義務だと考えている男性にとっては、安定した収入が得られない状況から劣等感や屈辱感に苛まれる人も少なくないであろう。

失業したり収入が減ることで、男としてのプライドが傷つけられたと感じたときに暴力が用いられることが多く、家庭を自分の理想に近づけようとする過程でDVや虐待が行われている。躾のためと正当化することによって、感情を抑えることができなくなる。

加害者がステレオタイプの男性像・家族観から解放されない限り加害は繰り返され、

弱い立場の家族が犠牲になる。経済格差の是正や労働環境の改善が事件を減らしていくことに繋がるが、それは容易なことではない。したがって、いかに子どもを保護していくのかを考えたうえでの家庭という私的な領域への介入が課題となろう。

## 虐待加害者たちのその後

栗原心愛さんの事件は、二〇一八年三月、東京都目黒区で当時五歳の船戸結愛さんが亡くなった事件に続く虐待死事件であり、心愛さんが虐待を訴えたアンケートを父親に見せた野田市教育委員会の対応にも批判が浴びせられるなど、注目を集める事件となった。裁判員裁判では連日、傍聴券を求めて多くの人が列に並び、社会的関心の高さが窺えた。

しかし、これまで虐待を含む家族間犯罪の多くは、事件が起きた背景について社会的に検証される機会は少なく、加害者やその家族に関する情報は、ほとんど公にされていない。

本項では、服役を終えた虐待加害者は本当に更生しているのか、加害者家族の証言をもとに紹介したい。

菊地民江さん（仮名・七十代）は、刑務所から出所してきた長男（四十代）の暴力に悩まされていた。長男は、妻に暴力を振るい、子どもに食事を与えず餓死させ、保護責任者遺棄致死罪などで実刑判決を受けた。

事件を担当した弁護人は、被告人が罪を犯したのは、親の育て方が原因だと主張した。長男はそれ以来、自分が犯罪者になったのは親のせいだと面会に訪れた両親を責め、怨み辛みを綴った手紙を家族のもとに送りつけていた。

それでも民江さんは、長男の出所後の身元引受人となり、刑務所を出た息子が生活に困らないよう貯金までしていた。しかし、民江さんが息子のためにと思ってしてきたことすべてが、裏目に出る結果となった。

「お前のせいで何年も臭い飯食ったんだよ！　責任取れ！」

夜中、酒に酔った長男は、そう言いながら寝ている民江さんを蹴ったり、水をかけたりした。民江さんの夫は、長男の服役中に亡くなっていた。長男は、父親に対しては気を遣っており、暴言を吐くようなことはなかった。

民江さんは、これまで見たことのない息子の言動に頭を悩ませたが、長男がまた他人を巻き込んで事件を起こすくらいなら、この程度の暴力は我慢しなければならないと考えていた。

しかし、暴力はエスカレートした。仕事をするでもなく、友人がいるわけでもない長男のストレスは募るばかりだった。

ある日、民江さんは長男に熱湯をかけられ、やけどをした。命の危険を感じた民江さんは保護司に相談をしたが、保護司から事情を聞かれた長男は、「母親が自分でお湯をこぼした」「最近、認知症気味なのか、被害妄想がひどくてよく人のせいにする」と弁解し、保護司は長男の言葉を信じた。

息子は仕事を探すでもなくギャンブルにふけり、民江さんが蓄えていた貯金も底をついた。

民江さんから相談を受けた筆者は、次男と連絡を取り、財産管理を次男に任せる手続きを進めた。長男には、住み込みで働くことができる仕事を紹介すると、あっさり自宅を出ることを了承した。

問題は、長男が出ていった後の民江さんのケアだった。あれほど息子の暴力が怖いと言いながら、家を出ていったきり連絡のない息子の安否を気にかけてばかりいた。寂しさから、再び息子と暮らしたいという言葉さえ出るようになった。

自宅を処分した民江さんは老人ホームで生活するようになり、ようやく長男への執着を手放すことができた。

## 陰湿化する加害行為

上田亜希子さん（仮名・四十代）は、娘とふたりで暮らすシングルマザーだった。亜希子さんの兄は、ギャンブル依存症で詐欺や窃盗を繰り返し、服役していた。兄の事件が影響し、最初の夫とは離婚に至った。

亜希子さんは、依存症者や受刑者の支援活動に関心が高く、ボランティアを通して二番目の夫と知り合った。夫は息子に大怪我をさせ、傷害罪で服役した経験があった。

夫は礼儀正しく温厚で、子どもに暴力を振るう姿など想像できなかった。友人が多く、出所後の再就職も友人が面倒を見てくれた。

事件について夫は、

「息子から暴力を受けていた。息子のほうが体が大きく、私が敵うはずない。正当防衛だったんだ」

亜希子さんには、そう説明したという。亜希子さんは、加害者家族であることを隠さず受け止めてくれる夫に居心地のよさを感じ、過去を追及して関係を壊すようなことはしたくないと思った。

「今度こそ、三人でいい家庭を作りたい」

という夫の言葉を信じていた。

夫と別居していた頃は、週末になると必ず夫と娘と三人で海や山に出かけ、幸せな日々が続いた。中学生になる娘は、夫によく懐いているように見えた。

問題が生じたのは、三人で生活するための家を購入し、同居が始まってからだった。

亜希子さんが仕事から帰ると、娘が泣いていた。

「ちゃんと挨拶をしろって言ってるんだ！」

夫が鬼の形相で娘に怒鳴っていた。亜希子さんが夫をなだめると、

「犯罪者の家族は躾がなってない！」

と家族を侮辱し始めた。

娘は学校の成績がよく、自宅でもよく勉強していた。学歴コンプレックスのある夫は、勉強ばかりしている娘が気に入らず、「生意気だ」「俺を見下している」と愚痴をこぼすようになった。

娘が試験前に夜遅くまで勉強していると、

「電気がついてたら眠れないだろ、早く寝ろ！」

と言って、娘の部屋に怒鳴り込むこともあった。娘は、亜希子さんの見ていないところで、挨拶ができていないと言われて正座をさせられたり、土下座を強要されるような虐待を受けていた。亜希子さんはようやく、「息子に大怪我をさせたのは正当防衛だった」という話は嘘だったと気がついた。

娘の告白を受けて、亜希子さんは弁護士に相談し、離婚に踏み切った。夫は意外にも、すぐ離婚に応じたという。

## 被害者をなくすためにすべきこと

薬物事犯や性犯罪など再犯率の高い犯罪については、刑務所内において更生プログラムに力が入れられるようになりました。

また、生命犯（人が亡くなった事件の受刑者）を対象とした「被害者の視点を取り入れた教育」も実施されていますが、対象は長期刑の受刑者に限定されており、こうした教育を受ける機会がないまま出所する受刑者も多くいます。

問題に気がつくきっかけがないまま日々の作業をこなし、刑期を終えて社会に出れば、再び同じ過ちを繰り返しても不思議ではありません。

しかも加害行為は、必ずしも「再犯」として現れるとは限りません。

刑務所生活に懲りた加害者は、刑務所に戻るような事態は避けたいと考えます。それでも支配欲求を抑制できない加害者は、より弱い相手を選んだり、傷が残らない軽度の暴力や心理的支配によって加害行為を継続しているのです。つまり、「再犯」には至らなくても、新たな被害者が生まれている可能性があるのです。

加害者の更生プログラムを実施する民間団体やカウンセラーも存在していますが、加害者本人が望まない限り、強制的に受講させる手段はありません。また、こうしたプログラムの受講を条件に、別れようとするパートナーを引き留める加害者もおり、必ずしも更生プログラムによりすべてがうまくいくとは限らないのです。

こうした限界を踏まえたうえで、家族が間違った援助をしないよう導くとともに、加害者本人が、家族やパートナーに依存することなく自立できるような支援が不可欠です。

加害者の更生とは、被害者を出さず、加害者が問題を起こさずに生活できるようになることであって、涙ながらに反省の弁を述べたからといって更生したと判断することはできません。

加害者やその家族を社会から排除しても、加害者は何も変わりません。加害者に対してすべきことは、自身が抱える問題に気がつくことができるようなアプローチを続けていくことです。

同時に、無力化させられていく被害者を救済するための社会啓発や相談窓口の充実を図ることも、加害の発見に繋がります。

身体的暴力だけがＤＶではありません。ＤＶの本質は「支配」です。加害者の目的は、恐怖を与えることによって相手を屈服させることなのです。

何を恐怖に感じるかは人によってさまざまであり、必ずしも身体的暴力を必要とするわけではありません。

暴力が顕在化しないことから加害者は加害性に気がつかず、被害者も被害性に気がつかないまま、加害行為はエスカレートしていきます。

加害者と被害者、双方へのアプローチによって、新たな被害者を出さない取り組みが早急に求められています。

# 第二章　岩手妊婦殺害・死体遺棄事件

## 無実を信じる家族

「弟が逮捕され、実家にマスコミが……。これから、どうしていけばよいか……」

相談者は岩手県在住の柴田智之さん（仮名・四十歳）。二〇二〇年四月、岩手県奥州市で、行方不明になっていた柴田綾子さん（仮名・当時三十六歳）が白骨化した遺体で見つかった事件で、綾子さんの夫で智之さんの弟である柴田智弘氏（仮名・三十七歳）が、二〇二〇年十月十五日、死体遺棄容疑で逮捕された。

「息子はやってません」

兄は動揺を隠せない様子だったが、テレビでは父親（六十六歳）が、大勢の取材陣を前に、毅然とした態度で取材に答えていた。

十月十六日、私はすぐに現場に向かった。失踪した妻の遺体が見つかったのだから、夫が疑われるのは当然だが、もしかすると冤罪の可能性もあるかもしれないと考えた。

歴史ある町に、逮捕まで智弘氏が両親と子どもと生活していた家があった。訪れたのは逮捕の翌日だったが、すでに報道陣の気配はなく、辺りはひっそりと静まり返っていた。その日は、智之さんと他の兄弟たちも実家に駆けつけていた。

「智弘が人を殺すわけない。きっと自白を強要されたに違いない！」

智弘氏が逮捕前に勤務していた会社の社長もそう話しており、智弘氏の逮捕の知らせに、衝撃のあまり泣き出す社員もいたほど会社でも慕われていた。周囲の人々は誰ひとり、彼が事件に関与しているとは考えていなかった。

「智弘は、私の結婚式でも最初に泣いていました。涙もろくて、優しい性格です」

兄の発言に、他の兄弟たちも深く頷いている。

「おとなしいほうで、特に問題を起こしたこともなかったですから……」

母親にとっても、育てやすい子どもだったようだ。

「いなくなった綾子さんを心配して、一年以上ずっと捜し回っていたんです。まさか、事件に関わっているなんて……」

二〇一九年五月三十一日、智弘氏は綾子さんと夫婦喧嘩をし、綾子さんは子どもを置いたまま家を出ていってしまい、ＬＩＮＥを送っても既読にならず、夜になっても自宅に戻ってくることはなかった。

綾子さんは会社にも姿を見せておらず、無断欠勤になっていた。これまで無断で会社を休んだことなどなく、上司や同僚は、綾子さんの身に何か起きたのではないかと考え始めていたようだった。智弘氏は、六月四日に地元の警察署に捜索願を提出した。

一週間経っても二週間経っても綾子さんは戻らなかった。智弘氏の父親は、四歳の長男・光君（仮名）の面倒をひとりで見なければならなくなった智弘氏を心配し、実家に戻ってくるよう勧めた。

智之さんは、智弘氏と一緒に仙台市内の探偵事務所を訪ね、独自のルートでも綾子さんを見つけ出そうとしていた。

家族はそれぞれ必死に綾子さんを捜し、帰りを待ち続けていたのである。

## それでも息子はやっていない

二〇二〇年四月、岩手県奥州市前沢生母の音羽山。標高約五三九メートルの車も通らない人里離れた山間で、散歩をしていた男性が頭蓋骨を発見。白骨化した遺体はＤＮＡ鑑定の結果、失踪中の柴田綾子さんと判明した。

遺体発見現場は車を使わなければ向かうことが難しく、散策に出かけるような場所でもないことから、警察は死体遺棄事件と断定した。遺体は県道下の崖にある岩の上で見つかったことから、何者かが車に遺体を乗せて運び、投げ捨てた可能性もあるという。地元メディアは、警察が殺人容疑も視野に入れて捜査を開始したと報じていた。

事件などめったに起きない、のどかな地域での遺体発見のニュースは地域住民を震撼させ、家族を絶望のどん底に突き落とした。

「骨でも、戻ってきてよかった……」

警察署で妻の遺体を確認した智弘氏は、すでに生前の面影もなく、白骨化してしまった遺体を見ながら涙を流していた。側で息子の様子を見ていた父親には、突然の悲報に悲嘆にくれる「遺族」にしか映らなかった。

綾子さんの遺体が発見されてから三カ月が経過した。二〇二〇年七月二十五日の岩手日報は、岩手県警は九十二人態勢で捜査を継続するが、犯人と結びつく有力な手掛かりはなく、捜査は難航していると報じている。

綾子さんが行方不明になってから遺体が発見されるまでに一年も経過しており情報が乏しく、地元では、事件は迷宮入りになるのでは、と話す人々も少なくなかった。

智弘氏が長男の光と暮らす柴田家には、頻繁に刑事が訪ねてくるようになった。綾子さんに自殺の動機は見当たらず、生前、綾子さんがトラブルを抱えていたという情報もないことから、夫に疑いの目が向けられるのは自然の流れでもあった。

「世間がそう考えるのも無理はないです。でも家族は皆、智弘の無実を信じていました」

家族はこれまでと同じように綾子さん失踪の情報を求め、犯人に結びつく有力な手がかりを待ち続けていた。

二〇二〇年十月十二日から、智弘氏に対する本格的な任意の事情聴取が始まっていた。十月十三日は智弘氏の誕生日なので、家族は警察に、できるだけ早く家に帰してほしいと話をした。家族が集まって誕生日を祝ったこのときが、智弘氏に罪の意識を蘇らせるきっかけとなった。

翌日の事情聴取で智弘氏は罪を認め、十月十五日、死体遺棄の疑いで逮捕された。

「智弘が……、まさか、智弘がやったのか……」

息子の潔白を信じ続けていた父親は、刑事から智弘氏が罪を認めたという話を聞くなり、がっくりと肩を落とした。

それでも、柴田家の人々に落ち込んでいる時間などなかった。

「光君をどうするか考えないと……」

刑事は、柴田家で智弘氏の長男の光の面倒を見続けるのか、家族に決断を迫っていた。

柴田家は加害者家族としてマスコミに追われ、しばらくはこれまでのような生活は続けられなくなる。一方、遺族である綾子さんの実家は、警察が報道対応を引き受けるという。加害者家族のもとにいるよりは、遺族の家で暮らすほうが、光にとっては安全だと思われた。

光は柴田家を離れ、綾子さんの実家の両親に預けられることになった。

「ご両親は、遺体が発見されてからも半年近く被疑者と一緒に暮らしてたわけでしょ？その家族が何も知らないって、そんな話は通らないんじゃないですか！」

報道対応を引き受けた私のもとには、記者から家族に対する厳しい質問が寄せられることもあった。

記者たちがそう考えるのも無理はないかもしれない。あまりに謎の多い事件なのだ。

「裁判までは、何もお答えできないんです……」

そう答えてはいたものの、家族は何も知らない、それが真実だった。一体、夫婦の間で何が起きていたのか。

## 隠されていた夫婦の闇

二〇二一年四月、私は柴田智弘氏と初めて面会した。警察署の面会室に現れた智弘氏は、評判通り誠実で人のよさそうな風貌をしていた。初対面でやや緊張していたが、笑顔を見せ、丁寧に挨拶してくれた。

彼はすでに妻の綾子さんを殺害し、死体を遺棄した容疑を認めており、動機について地元メディアは「日常的に妻に不満を抱いていた」と報じていた。

家族に宛てた手紙にも、綾子さんから厳しい言葉を浴びせられ、耐えられずに殺害に至ったと記されている。無実を信じて疑わなかった家族も、ようやく事実を受け入れ始めていた。

報道の内容について間違いがないか尋ねると、智弘氏は深く頷き、

「他の夫婦を見るたびに、なんで仲よくできるのか、不思議に思っていました」

と話した。

ふたりは、柴田家の人々の目にも仲の良い夫婦には映っていなかった。

「なんだか、智弘は完全に綾子さんの尻に敷かれている感じがしましたね」

父親は苦笑しながら、そう話していた。

柴田家に親族が集まったとき、飲みすぎてしまった兄の智之さんを妻が介抱している様子を見た智弘氏は、

「家（うち）ではありえない……」

と羨ましげに話していたという。

智弘氏と綾子さんはSNSのオフ会で知り合い、交際を始めた。綾子さんはおとなしく、物静かな女性という印象だった。交際から一年半、綾子さんから、

「あまり待たせないでね」

と言われ、智弘氏からプロポーズした。

綾子さんは正社員として働いており、智弘氏と同じくらいの収入を得ていた。ところが、「私のものは私のもの、夫のものも私のもの」と言わんばかりに、生活費は智弘氏

の給料から支払い、智弘氏は口を出すことができなかった。

智弘氏の描く理想の夫婦像とは、ともに助け合う夫婦、一方、綾子さんは、常に夫にリードしてくれることを求めていた。互いの認識のズレは広がる一方で、最悪の事態に向かっていく。

「出会った頃に戻れたら……」

智弘氏は事件を振り返り、そう語った。

「なんで何も話さないの！　つまんないでしょ！」

智弘氏は口数の多いほうではなく、結婚してから綾子さんによくなじられるようになった。綾子さんの智弘氏に対するさまざまな要求は、日増しにエスカレートしていった。

それでも、夫婦の間の不穏な空気は、子どもの誕生によって一蹴できると信じていた。ふたりとも、子どもの誕生を心から待ち望んでいたからである。

結婚から一年、長男の光が誕生する。光は待望の長男で、ふたりとも惜しみない愛情を注いでいた。ところが、「私のものは私のもの、夫のものも私のもの」という綾子さんは、子どもはあくまで自分の子どもであり、智弘氏の関与を嫌がった。

母子と智弘氏の間に境界線が引かれているような家庭だった。智弘氏が光と触れ合えるのは、ゆっくりテレビを観たいという綾子さんが息子の入浴を任せたときだけだった。寝室も別々で、夫婦の距離はますます広がっていった。

二〇二一年五月二十四日、盛岡地方裁判所で開かれた初公判では、犯行動機となった夫婦関係について、綾子さんの同僚たちも、不仲であった様子を証言していた。

「長男は私に似ているから大好き。もし、夫に少しでも似ていたら育てたくない」
「息子のためにふたり目の子は欲しいけど、体の関係は持ちたくない」

生前、綾子さんは同僚に、しばしばこのようなことを話していたという。

## お嬢様と召使い

息子の面倒は綾子さんが見ており、料理や洗濯は智弘氏の仕事だった。綾子さんが妊娠中、つわりが酷いとき、智弘氏はなんとか仕事を抜けて料理を作りに自宅に帰っていたが、ねぎらってもらえるどころか、

「わざとらしくてむかつく！」

と嫌みを言われた。それでも戻らなければ、さらに不機嫌になる。何をどうすれば満足してくれるのか、智弘氏はひとり悩むようになった。

長男が生まれた年の夏、智弘氏は本棚に置いてあったノートを開いた。息子の名前の候補が書かれていたノートだった。このノートは、裁判では綾子さんの「日記」と呼ばれていたが、プライベートな場所にしまってあったものではなく、誰でも手に取ることができる場所に置いてあったものである。

ノートには綾子さんの筆跡で、

「もっと給料の高い男と結婚すればよかった」

「夫の髪の毛が落ちている家に帰りたくない」

「この結婚は失敗だった」

と書かれていた。

妻が結婚生活に満足していないことには気がついていたが、改めてノートに書かれていた言葉を見て、智弘氏は深く傷ついた。

「まるでお嬢様と召使ぃ」

智弘氏は裁判で、妻との関係をそう表現した。

「どうして夫婦で話し合わなかったのか？」

おそらく誰もが疑問に思うことで、検察官や裁判官からも何度も質問されていた。しかし、常に感情をストレートに口にする綾子さんに対して、智弘氏は反論したり、意見を伝えることがどうしてもできなかった。

智弘氏は子どもの頃、吃音（きつおん）が酷かった。現在は、普通の会話では問題ないが、裁判で緊張が高まると、どもってしまうことがある。努力でだいぶ改善されたとはいえ、智弘氏にとって吃音はコンプレックスであった。

家族だけでなく友人や知人も、智弘氏は穏やかな性格で、怒った姿を見たことがないと言う。本人に聞いてみると、

「怒ることができなくて、溜め込んでしまうんです」

ということだった。

智弘氏は、綾子さんに怒りをぶつけられると沈黙してしまい、喧嘩になることもなか

った。思ったことは口にしなければ気がすまない綾子さんは、反論しない智弘氏の態度に、さらに苛立ちを募らせていたのかもしれない。

私は智弘氏と面会を重ねるにつれて、智弘氏は感情を表出することが苦手な一方で、感受性の強い性格だと感じた。かつて職場の人間関係で悩みを抱えていた時期があり、威圧的な人や攻撃的な人に対しては、吃音の影響もあり、即座の反論が難しく、ストレスを溜め込みやすかったようだ。

## 病気によって失った居場所

妻から日々ぶつけられる言葉に、情けない、不甲斐ないと自分を責めるようになった智弘氏をさらに追い詰める事件が起こる。

二〇一七年、智弘氏は突然、職場で倒れ、救急車で病院に運ばれた。智弘氏が偶然運ばれた病院は、綾子さんの知り合いが多い病院だったことから、妻の逆鱗(げきりん)に触れてしまう。

「何でここに来るの！　恥ずかしいじゃない！」

綾子さんは病床の智弘氏に容赦ない言葉を浴びせた。ところが、それだけでは済まなかった。医師から「てんかん」と診断され、智弘氏はさらなる絶望のどん底に突き落とされてしまった。しばらく車の運転を禁じられたのだ。

都市部では車を持たない人も増えているが、智弘氏が生活する地方では、どこへ行くにも車がないと不便である。運転を男性に頼っている女性もまだ多く、未だに車の運転は「男」である証といっても過言ではない。

案の定、綾子さんは激怒した。

「どうしてくれんの！　周りから私が不憫（ふびん）に思われる！」

「マジ使えね」

同僚の証言によれば、綾子さんは智弘氏が運転できなくなったことに相当腹を立てていたようだった。

智弘氏にとって運転は日常生活の基本であり、病気によって自立した生活は奪われ、周囲に頼らなければならなくなった。通勤時は同僚に送迎を頼み、家族で用をすますには綾子さんに運転を頼まなければならなくなった。

ただでさえ、妻の期待に応えられない自分を不甲斐ないと感じているのに、さらに妻の世話にならなければならないのかと思うと、あまりに情けなくて涙が止まらなかった。

「信じられない、息子に遺伝したらどうしてくれるの！」

綾子さんは病気が判明した智弘氏を一方的に責め、父子の関係をさらに切り離す行動に出た。

「病人に子どもは任せられない！」

智弘氏が抱き上げようとした光を取り上げ、息子との接触をこれまで以上に制限するようになっていった。

「そんなとこにいないで、こっちにおいで！」

光が智弘氏に近づこうとするたびに、綾子さんはまるで見ず知らずの人についていくのを止めるかのように注意するのだった。

父親としての立場は奪われ、次第に我が子まで遠い存在に感じるようになっていった。

## 仮面夫婦を続ける理由

「離婚は考えなかったのでしょうか？」

私は二回目の面会で素朴な疑問をぶつけてみた。裁判でも繰り返し聞かれていたことである。

「みんなにそう聞かれるのですが、離婚の選択肢はありませんでした」

彼はすぐに、きっぱりと否定した。

「親同士が凄く仲がよくて、そういう関係を壊してしまうことを考えると、自分が我慢すればいいと思っていました」

智弘氏は、綾子さんの両親をとてもいい人たちだと話しており、親族のためにもできる限り関係を修復することしか考えなかったという。

「私たちはたくさんの人から祝福されて結婚しました。離婚したら、皆に迷惑がかかると思って……」

一方の綾子さんも、「この結婚は失敗」とノートに書くほど不満がたまっていたにもかかわらず、離婚は考えなかったのだろうか。

「離婚の話になったことはないです。とにかく世間体を気にするタイプなので、離婚は考えなかったのかもしれません」

綾子さんは、近しい同僚には本音をこぼしていたかもしれないが、人前では仲のよい夫婦を演じたかったようである。そして夫にも、理想の夫を演じてほしかったのだろう。周囲からの評価に敏感で、夫の意思や感情は常に後回しにされていた。

「結婚式でも私はアシスタントみたいでした」

智弘氏は苦笑しながら、そう言った。結婚式で、智弘氏は自分を産んでくれた母親への感謝を込めて、母親と一緒に歩きたいと申し出たが、

「マザコン男と結婚したと思われるからやめて！」

と猛反対された。

子どもの躾にも厳しかったという。

「てめえ早く寝ろ！」

夜になると、度々、壁の向こうから綾子さんの怒鳴り声が聞こえてくることがあった。

長男が生まれてからは夫婦の寝室は別々で、セックスレスが続いていた。

「光ひとりだと寂しいだろうし、どうする？」

夫婦関係は悪化の一途を辿っていたにもかかわらず、光がひとりっ子では寂しがるだろうからと、綾子さんからふたり目の子どもが欲しいという申し出があった。

「セックスは単なる作業で、道具扱いされているようでした」

互いへの愛はないが、家族へのこだわりは一致していたのだ。

## 虫も殺さない男による絞殺

綾子さんは、智弘氏の仕事も家族も蔑んだ。智弘氏が勤務する職場を、

「給料が安い、たいした職場じゃない」

と罵り、祖父が亡くなったときも悲しみに共感してくれることはなく、

「めんどくせえ」

と吐き捨てるように言った。

智弘氏は、自宅で妻と顔を合わせることが辛くなり、休日はネットカフェで過ごすようになった。料理ができない綾子さんが、早く家に帰ってきてほしいと連絡してくるこ

とがあっても、出張先ですぐには戻れないと嘘をつくようになっていた。

綾子さんは、「残業代つかないくせに、家に帰ってこない」と同僚に愚痴をこぼしていたという。

智弘氏は、それでもどこかで夫婦関係を修復するチャンスを狙っていた。

「妻への愛はありませんでしたが、喜ばせたいとは思っていました」

智弘氏は妻の機嫌がよくなるようにと、ブランドものの財布やカメラをプレゼントした。

「こんなんで喜ぶと思ってんの！」

綾子さんは決して満足してはくれなかった。

不平不満を口にし、常に怒ってばかりいる妻が、旅行したときだけは笑顔が増えていた。智弘氏は、那須高原のペンションを予約し、旅行する機会を増やそうと思った。

ところが出費がかさみ、智弘氏の給料では支払いが難しくなっていった。独身の頃からコツコツ貯めていたお金も使い果たしてしまい、ついに消費者金融から借金をすることになる。

妻の機嫌を取るためだけの場当たり的な行動は、綾子さんの怒りにさらに火をつけることになった。

「サラ金に手をつけるなんて人間のクズ！　サラ金から借りた金で旅行してたなんて、思い出しても虫唾（むしず）が走る！」

綾子さんは激怒した。確かに無計画な行動だったかもしれないが、悪気があったわけではない。ただ、妻を喜ばせたくてしたことだった。その気持ちをわかってほしいと言いたかったが、その言葉は飲み込むしかなかった。

マイホームの購入を計画していた綾子さんにとって、夫の借金はどうしても許せなかった。綾子さんはしばらく智弘氏と口をきかなかった。

その後、綾子さんのふたり目の妊娠が判明するが、智弘氏は素直に喜ぶことができなかった。

「クズの子を妊娠させてしまって、申し訳ないという感情しかなかったです」

この頃から智弘氏は、自殺を考えるようになっていた。

「仕事の帰り道に大きな橋があるのですが、いつも、そこから飛び降りようと思っていました。それができないまま……」

二〇一九年五月三十一日の朝も、智弘氏は前夜の帰りが遅かったことを綾子さんから激しく責められていた。

「あんたの給料が安いせいで、私、仕事辞めらんない！」

朝から容赦ない侮辱が始まる。

「あんたの病気のせいで、恥かかせられているんだから！」

怒らないはずの智弘氏も、さすがに怒りが込み上げてきた。好き好んで病気になったわけではない。

「あんたのせいで、私の人生めちゃくちゃになった！」

ついに理性が崩壊していくのを感じた。いままで必死に妻のためにしてきた努力は、すべて無駄だった。智弘氏の心は、絶望と怒りに支配されていく。

「どうしてくれんの！」

妻さえいなくなればいい……。智弘氏は、寝室に戻ると、棚においてあった延長コードを手に取り、ドレッサーの前に腰かけて鏡を見ている綾子さんの背後に立ち、一気に首にコードを巻きつけた。

「キャーやめてー！」

綾子さんは首に食い込んでいくコードを摑みながら、必死に抵抗した。智弘氏は、倒れ込む綾子さんの腕をつかみ、さらに首を絞め続けた。

「なんで……」

そう言いながら抵抗する綾子さんに、

「仮面夫婦だから……、もうどうにもならない、ごめん……」

そう言って、綾子さんが窒息するまで首を絞め続けた。

## 息子のために鬼になる

殺人は、計画的ではなく突発的な犯行だった。

智弘氏は殺害後、綾子さんの遺体を咄嗟に自宅のクローゼットの中に押し込めた。毎朝迎えに来てくれる同僚に綾子さんが家出をしたと嘘をつき、光を保育園に連れていくことにした。

この瞬間から逮捕までの一年四カ月間、智弘氏は妻がいなくなった夫を演じ、周囲を騙し続けていたのだ。家族も友人も、智弘氏が人を騙し続けることなどできる人間ではないと証言している。なぜ、そんな残酷なことができたのか。

「すべて、光のためです。母親を奪ってしまった分、自分が幸せにしなければと思いました。だから絶対、捕まるわけにはいかなかったんです」

綾子さんの遺体は一カ月間、自宅のクローゼットに置いたままになっていた。その間何も知らない親族は、遺体が眠る自宅を何度も訪ねていた。光には、母親は仕事が忙しく、しばらく帰ってこられないと言い聞かせていた。

智弘氏と光のふたりの生活が始まった。智弘氏は、初めて父親である喜びを噛みしめることができた。光を心から愛しいと感じ、光のためであれば、どんなことでもできると思った。

一方で、綾子さんの遺体をどうすべきか頭を悩ませていた。腐敗は進み、死臭がするようになっていたが、ひとりで運び出すには限界があった。

二〇一九年七月二日、玄関を開けると死臭が漂ってくるようになり、智弘氏は遺体を遺棄する決意をした。人目に付かないように、夜中、布でくるんだ遺体を車のトランクルームに入れ、車を走らせた。このとき、遺体を積んだ車のチャイルドシートには、光が座っていた。光をひとりにしておくわけにもいかず、連れていくほかなかった。そして、人里離れた山中で、遺体を車から降ろして崖下へと投げ捨てた。

「時間がない、やるしかないという思いで、淡々と進めていたと思います」

たったひとりで遺体を車に積み、山に遺棄するなど、その風貌からは想像できなかった。

人は状況次第で、こんなにも残酷になれるものなのだ。

「すべては、光のためだと思っていたんです」

## 家族の想いに触れ、我に返る

息子を幸せに……。智弘氏の生きる理由はそれだけだった。心を鬼にし、息子以外の存在は見えていなかったのかもしれない。そうした智弘氏の心を動かし、自分を取り戻すきっかけを作ったのは両親や兄の存在だった。

「たぶん、あのとき……」

兄の智之さんは、智弘氏が逮捕される前日に柴田家で開かれていた智弘氏の誕生日会の様子を思い出していた。

「智弘とふたりで煙草を吸っていたときですが、智弘が何かを決意したような、そんな表情を見せた瞬間がありました。逮捕の知らせを聞いて、やっぱり……という感じでした」

妻を殺害してから一年四カ月、信頼する家族にさえ真実を隠し、失踪した妻を必死に捜す夫を演じていた。家族は誰ひとり疑うことなく、智弘氏の無実を信じ続けていた。

「あのとき、自分を信じてくれている家族の想いに触れて、これ以上、大切な家族を騙し続けてはいけないと我に返った気がします」

智弘氏は翌日の事情聴取で、すべてを自白した。

本件は、死体遺棄から発見まで時間を要しており、捜査も難航していた。凶器も発見されておらず、事件の解明は智弘氏の自白に拠るところが大きかった。

智弘氏がすべてを包み隠さず語ることは、罪の償いの第一歩である。しかし、公判前に智弘氏と面会したとき、真実を公にすることに若干躊躇(ためら)いがあるように感じられた。なぜなら、智弘氏に対する妻の言動をすべて明らかにしなければならなかったからである。

「給料が安い」「人間のクズ」といった人格否定や病気に対する差別的言動は、DVと解釈することもできる。智弘氏は、

「モラルハラスメントではないかと思っていましたが、妻の悪口を言うようで、人に相談しようとは思いませんでした」

と言う。

どの家庭でも多かれ少なかれ問題はある。皆、親しい人に話を聞いてもらうなどして、やり過ごしているのだが、智弘氏は真面目な性格で、他人の悪口を言うことはない。そんな性分が裏目に出てしまった。

「妻を悪く思われるのも嫌だったので、親兄弟にも悩みは打ち明けられませんでした」

## 家族に明かされた真実

二〇二一年五月二十四日、盛岡地方裁判所で初公判が開かれた。私は兄の智之さんと一緒に傍聴席に座った。

私はこれまで何度か智弘氏と面会をして事件の詳細を聞いており、公判における智弘氏の供述も、面会で語られていた内容と一致していた。

私は支援者として淡々と記録を取っていたが、隣で傍聴している家族にとっては地獄のような時間だったに違いない。被害者は他人ではなく親族なのだ。次々と明らかになる事実に、智之さんはショックを隠し切れない様子だった。

加害者家族が裁判を傍聴する意味は、被告人の更生を支えることができるか否かを判断するためである。家族が知りえなかった事実が、裁判で初めて明かされることも珍しくない。裁判をきっかけとして家族としての限界を感じ、離婚を決断する夫婦も少なくはない。

智弘氏の両親や兄は、被害者の失踪直後から捜索に尽力し、たとえ疑いの目を向けられても、智弘氏の無実を信じ支え続けていた。

法廷には遺族も来ている。綾子さんの両親もまた智弘氏の話を信じ、いなくなった娘を捜しながら待ち続けていたのだ。その気持ちを思うと、加害者家族としてもいたたまれなくなる瞬間が何度もあったはずである。

事件発生から率先して弟を支え続けてきた兄の智之さんが、情状証人として出廷し、

「弟が起こした事件について、わかってやりたいという気持ちもありますが、ご遺族の心情を考えると許せない」

と加害者家族としての複雑な心境を語った。さらに、甥である長男・光の養育費を、家族で支払い続けていきたい旨の証言もした。

検察官から、被告人に最後に言いたいことはないかと質問されると、

「何があっても、お前の兄に変わりない」

そう力強い言葉で語った。

検察側は、被告人の犯行態様は悪質であり、身勝手で短絡的、強い非難に値する行為として懲役十八年を求刑。弁護側は、被告人は妻から病気のことなど自分ではどうしようもないことを非難され、精神的に追い込まれており、懲役五年から七年が相当である

と主張した。

判決言い渡しの日、私は拘置所で智弘氏と面会していた。智弘氏はこれまで見たこともないような強張（こわば）った表情をしており、判決を前にかなり緊張している様子だった。

十八年の求刑は想像以上に重く、柴田家にも衝撃を与えていた。妻を殺害してしまったことについて、

「妻から逃げていたと思います。しっかり自分の考えを伝えて、わかち合うべきでした。何も伝えようとしなかった自分の責任です」

遺体を隠し、周囲に嘘をつき続けていたことについて、

「息子のためだと、自分を正当化していたと思います」

と申し訳なさそうに語った。そして、

「自分がやってしまったことなので、どんな結果であれ、厳粛に受け止めます」

と判決に臨む決意を見せた。

智弘氏に下された判決は、懲役十四年。

量刑の理由として、殺人について「強固な殺意に基づいた残忍な犯行というべきである。被害者は妊娠九週であり、被告人がそのことを知っていたことも併せ考えると、非情な犯行といえる」「被害者の言動が被告人を精神的に追いつめてしまった面もあり、被告人ばかりを一方的に責めるのは相当とはいえない。しかしながら、自分の気持ちを打ち明けて被害者と話し合ったり、周囲の誰かに相談したり、被害者との距離を取ったりするなど、被告人において他にさまざまな手段をとることができたにもかかわらず、被害者殺害に至ったというのはあまりに身勝手で短絡的であり、前記のような経緯があったとしても、到底被害者を殺害する理由にはならない」、死体遺棄について「遺体が隠匿されている自宅において、被害者がいなくなったことを心配する両親や職場関係者と面会し、被害者が家出した旨嘘を言い続けたことも踏まえると、到底正当化できるものではなく、冷酷であるといえる」と判示。

情状について、「被告人は、自身の犯した犯罪事実に向き合って、本件に至った自己の問題性に気づくとともに謝罪の気持ちを示し、反省しているとみることができる」

「被告人の家族が積極的に被告人の相談相手になる等、社会復帰後の態勢を整える意思を明らかにするとともに、被告人の支援を約束していることを併せ考慮すると、被告人の更生可能性が認められる」と判示した。

判決は十五年を上回ることなく、家族としては胸をなでおろした。翌日、智弘氏に面会に行くと、判決前の緊張感は解けて、いつもの穏やかな表情をしていた。

「これからが償いの始まり」と話しており、私は刑務所生活から社会復帰まで、家族と一緒に支えていくことを約束した。

## 「車と家庭を持ってこそ男」という価値観

面会をしたとき、社会に伝えたいことはあるかという質問に対して智弘氏は、

「家族に事件の責任はない。親の育て方のせいではない」

と涙ながらに訴えていました。

私は何度も智弘氏の実家を訪ね、家族と定期的に連絡を取り続けていました。智之さ

んを始め、ご両親や他のご兄弟たちも犯罪どころか、トラブルとは程遠い優しい人々でした。地域の人々は被害者となってしまった綾子さんやそのご家族も、とても優しい人々だと話しており、私もそう感じます。殺人犯となった智弘氏のこともまた、血の通った優しい人間だと多くの人が証言しており、私も面会を通して確信しました。

家族は、なぜ智弘氏の悩みに気づくことができなかったのか、自責の念に苛まれています。しかし、問題に気がつくことができなかったのは、家族の責任とはいえません。家族といってもそれぞれ独立して自分の家庭を持った大人同士、常に悩みを打ち明けられるわけではありません。家族だからこそ、心配をかけたくない、干渉されたくないと思って黙っていることもあるでしょう。

綾子さんの言動からは、男性は女性より稼ぐべき、女性をリードすべきといった価値観が窺えます。それは、決して綾子さんが特別なのではなく、そうした価値観がまだ社会に蔓延しているのだと思います。それゆえ、綾子さんとしては当たり前のことを言っているだけで、夫を傷つけているつもりはなかったのかもしれません。

智弘氏がてんかんを発症し、運転は妻の世話になることになったのが、事件の引き金といっても過言ではなく、夫が妻をリードすべきという綾子さんの理想を壊す出来事だったのでしょう。

都市部では若者の車離れが進み、家庭を持たない選択をする人も多いですが、地方では、車と家庭を持つことが男性として一人前という価値観が残っています。だからこそ、家庭がどれほど居心地の悪い空間であったとしても、家庭を手放すことができないのです。夫婦の心は日に日に離れていっているにもかかわらず、ふたり目の子を作り、マイホーム購入の計画も進めていました。

智弘氏は、怒りで自分を見失う前に、ＤＶやモラルハラスメントの窓口に相談するべきでした。しかし現状は、男性が利用しやすい窓口にはなっていません。智弘氏の周りに同じような悩みを持つ友人知人がいたならば視野狭窄に陥らず、事件にまで発展することはなかったかもしれませんが、妻の言動に傷ついていることを情けなく感じ、ひとりで抱え込む男性は多いのではないでしょうか。

智弘氏は、何の問題もない温かな家庭で育ちました。だからこそ、家庭に問題が生じたときの対処能力が育たなかったのかもしれません。

判決の最後、裁判員から「これからの人生で問題が生じたときは、きちんと誰かに相談してほしい」と、智弘氏の更生を期待する言葉が伝えられました。

同様の事件を防ぐための課題としては、男性が弱さをさらけ出して適切な助言を受けることができる場所を増やし、そこにアクセスしやすい環境を作ることです。

本件で、もし被害者と加害者の性別が逆であったならば、情状酌量の余地は広がったと考えられます。これからは、男性弱者という視点も加味されるべきだと思います。

# 第三章 宮崎家族三人殺害事件

## 地域に守られた加害者家族

福岡県豊前(ぶぜん)市は、大分県との県境に位置する、求菩提山(くぼてやま)や犬ヶ岳などの山に囲まれた自然豊かな地域である。

二〇一〇年三月一日、宮崎県宮崎市で一家三人が殺害される事件が起きた。加害者の奥本章寛(あきひろ)氏（当時二十二歳）は、現在死刑囚として福岡拘置所に収容されている。

豊前市は奥本死刑囚の生まれ育った土地であり、両親を含めた家族が現在も生活している。地元には支援団体が立ち上がり、地域で死刑囚の家族を支えているという。

章寛氏は、三月一日午前五時頃、生後五カ月だった長男の首を絞めるなどして殺害、妻の由美さん（仮名・当時二十四歳）と義母の絹代さん（仮名・同五十歳）をそれぞれ包丁やハンマーを用いて殺害し、長男の遺体を自宅近くの資材置き場に埋めた。

同年、宮崎地裁で開かれた裁判員裁判では、「家族生活全般に鬱憤（うっぷん）やストレスを募らせ、義母からの叱責をきっかけに自由でひとりになりたいと殺害を決意」「我が子への愛情は感じられず、無慈悲で悪質。自己中心的、冷酷で、責任は重大で極刑に値する」として死刑判決を言い渡された。

被害者は親族のみとはいえ、死刑判決が下された重大事件である。加害者家族が事件以前と同じ地域で生活を続けていると聞いて、私は衝撃を受けた。

当団体の相談データによれば、殺人事件の家族の九十％以上が転居を余儀なくされている。嫌がらせや攻撃がなくとも地域住民との関係はぎくしゃくし、気まずさから土地を離れる選択をする家族は多く、都市部より地方のほうが転居率は高くなる。

地方の人口の少ない町で、地域住民で加害者家族を支えているという稀なケースの背景に何があるのか知りたいと思った。

そして数年前、知人の紹介により現地を訪問し、支援者や家族から話を伺う機会を得ることができた。

現地では、「オークス 奥本章寛さんと共に生きる会」の事務局を務める荒牧浩二さんを中心に、章寛氏のご両親を始め、奥本家を支えている地域の人々と交流した。地元の人々は、章寛氏は大罪を犯す結果にはなってしまったが、死刑ではなく罪を償って地元に帰ってきてほしいと話していた。

## 人の支えが生きる力になる

二〇一八年、熊本県を拠点として、九州地方での加害者家族支援が本格化した。熊本県内で開催した「九州加害者家族の会」に章寛氏の両親も参加した。

「加害者家族の会」とは、家族が逮捕されたり加害者になった人が体験を語り合う集いである。参加者は「加害者家族」に限られるが、罪名や続柄はさまざまである。参加者の発言の公平性や安全性を維持するため、スタッフが会の司会進行を務める。

当日は、奥本章寛氏の両親・奥本夫妻を始め、三組の家族が熊本に集まった。参加者がどのような事件の加害者家族かを把握しているのはスタッフだけで、参加者は罪名や事件の内容を必ずしも話さなければならないわけではない。

「事件の知らせを聞いて、人生が終わったと思いました……」

「子どもが犯罪者になったにもかかわらず、のうのうと仕事を続けていていいのか……、ふとしたときに罪悪感に襲われるんです」

奥本夫妻は、参加者の発言に熱心に耳を傾けながら終始頷いており、

「私たちも親として、皆さんと同じ気持ちでした」

章寛氏の母・雅代さん（仮名・六十代）は、事件が起きて間もない参加者の絶望感に寄り添うように語りかけていた。他の参加者は、落ちついた雰囲気の奥本夫妻が死刑囚の家族であるとは想像もつかない様子だった。家族の逮捕は事件の大小にかかわらず、衝撃的な出来事であり、この先どうなってしまうのか、多くの人は絶望する。

奥本夫妻は、すでに事件から十年以上経過しているが、事件直後から支援組織が存在したわけではなく、突然の事件の知らせに戸惑ったという。事件現場の宮崎に向かうため、仕事場の上司に事情を話すと、

「仕事のことは心配するな、お前たちは子どもを守れ、お前たちは俺が守る」

と力強い言葉をかけられていた。

事件が軽微であっても、加害者家族が社会的に孤立し、自ら死を選ぶケースもある。周囲の人々に支えられているからこそ家族は冷静に事件と向き合うことができるのだ。

それでも、加害者家族の会に参加した奥本夫妻の様子からは、加害者家族を経験した人同士だからこそ話せることもあるのではないかと、経験者が集う意義を感じた。絶望の中で力になるのは、やはり人の支えなのだ。

## 育て方が悪かったという後悔

「厳しく育てたから、こんなことに……」

奥本夫妻は事件後、子育てを振り返り、後悔していた。

奥本夫妻だけではない。子どもが事件を起こした親たちは皆、自分の子育てについて後悔する。何が悪かったのか。あのとき、こうしていれば……という自責の念は永遠に消えることはないのかもしれない。

私は、国内の支援団体の中で殺人犯の親になった人々を最も多く支援しており、拙著『息子が人を殺しました――加害者家族の真実』（幻冬舎新書、二〇一七）の中でも多々、事例を紹介してきた。

犯罪報道で、加害者家族の実態に焦点が当てられることはほとんどなく、殺人犯の親ならば、何かしら子育てに問題があったと考える人もいるかもしれない。

しかし、現実はそうとは限らない。私の経験では、むしろ常識的な子育てをしてきた家庭のほうが多いと感じている。

章寛氏は小さな頃から剣道を習い、規律を重んじる教育を受けて育ち、自衛隊員の経験もある。奥本夫妻の考える「厳しさ」とは、挨拶をきちんとするとか、人に迷惑をかけてはいけないということで、時代や地域性もあるのか「男らしさ」も加わっていた。「人に迷惑をかけてはいけない」「男は強くあるべし」とは、奥本夫妻というより、昭和の価値観であり、常識であった。

## 加害者への支援はこうして広がった

「人生は生きるに値する　ここにいる僕でもそう思う」（『波紋』一頁）

章寛氏の言葉から始まる『波紋――奥本章寛と歩んだ十年のキセキ』は、福岡県豊前市で荒牧浩二さんが事務局を務める「オークス 奥本章寛さんと共に生きる会」が、事件から十年目の節目に刊行した冊子である。

章寛氏が拘置所で描き続けている絵や、家族や支援者との文通記録、地域の人々の思い、裁判記録などで構成されており、発行にあたっては、全国の支援者からカンパが集まっていた。

この冊子に目を通すと、どれだけ多くの人が事件に関心を寄せ、章寛氏の帰りを待っているかが伝わってくる。

オークスは、二〇一二年七月に、「奥本章寛さんを支える会」として結成され、現在に至る。事務局の荒牧さんは、奥本夫妻の親戚や章寛氏の知り合いといった関係者ではない。事件に関わるようになったのは、すでに裁判員裁判で死刑判決が言い渡された後だった。

私はてっきり荒牧さんは死刑廃止論者で、学生時代から運動に関わってきた人なのだと思い込んでいた。死刑事件では、死刑に反対する組織等が死刑囚との関わりを通して、家族を支えているケースが存在する。オークスも、この種の組織なのだと考えていた。

ところが荒牧さんに死刑についての意見を尋ねると、意外な答えが返ってきた。

「死刑にはどちらかといえば反対ですが、奥本一家と会うまでは、人の命を奪ったのだから仕方がないと思ってました」

私も荒牧さんと同じ考えだった。死刑に賛成はしないという立場に止まり、殺された人の命は戻ってこないのだから、当然なのではとも考えた。

しかし、今では死刑制度は廃止すべきだと考えている。そう考えるようになったのは、まさに加害者家族支援を通して、人が人を殺めなければならない状況に陥る過程を見ていくにつれ、死刑制度が殺人の抑止にはならないと考えるようになったからである。

「奥本夫妻は、活動を進めていくなかで強くなっていったと思います。なんとしても息子を助けたいという思いに、私も突き動かされた気がします」

荒牧さんの心情が私にはとてもよく理解できた。私も加害者家族という経験から活動を始めたわけではないが、支援を続けるうちに多くの加害者家族の思いに触れ、「大切な人を思う気持ち」に突き動かされてきたからである。

## 何が息子を狂気に駆り立てたのか

「正直、なぜ息子が……、と思いました」

奥本夫妻は申し訳なさそうにそう話す。それも、そのはずである。幼少時代から章寛氏を知る友人たちは皆、事件の知らせに驚いた。事件に関する集会に多くの人が駆け付けたのも、彼が理由もなく人を殺すような人間ではないと考えていたからである。

家族にも地域の人にも愛されて育った章寛氏が、なぜ家族三人を殺めなければならなかったのか。

章寛氏は、豊前市の豊かな自然に囲まれた地域でのびのびとした幼少期を過ごした。小学校から剣道を始め、高校卒業後は航空自衛隊に入隊し、宮崎県の航空自衛隊新田原（にゅうたばる）基地に配属されていた。

被害者の妻とは地元で出会い、妊娠を機に結婚した。この地域の一部の女性の間では、自衛隊員と結婚するのが人気だったという。

結婚後は自衛隊を除隊し、土木会社に勤務していた。土木関係の仕事は向いていると感じ、一生懸命働いていたことから職場でも評判がよかった。

ところが、宮崎での結婚生活は決して順調ではなかった。

章寛氏は、妻の由美さんと生まれたばかりの長男、義母の絹代さんと四人で生活することになった。絹代さんは気性が激しく支配的で、章寛氏は同居し始めてすぐに、義母との関係に悩むようになっていた。

長時間の肉体労働でクタクタになって帰宅しても、食事は用意されておらず、残り物を食べるしかなかった。風呂も絹代さんの前に入ることは許されなかった。生活においてはすべて絹代さんが決めたルールに従わなければならず、家庭の中に章寛氏の居場所はなくなっていた。

章寛氏の月収は二十一万で、由美さんは働いていなかった。奥本夫妻は、嫁や絹代さんに迷惑をかけてはならないと、毎月五万〜十五万円の仕送りに加え、お米も一緒に送っていた。

章寛氏は、家族にいつまでも迷惑はかけられないと、昼間の仕事に加えて夜のバイトを探していたが、なかなか採用してもらえずにいた。

奥本夫妻が章寛氏に会いに宮崎に行ったとき、絹代さんと妻は立派な服装をしているのに比べ、章寛氏はボロボロの服を着ていたという。絹代さんは奥本夫妻に挨拶をすることもなく、奥本夫妻は好意的な印象は持てなかったという。

ところが、生活に余裕のないはずの章寛氏は、ローンで高級車を購入した。由美さんと一緒に広告を見て決めたことは奥本夫妻も知っていた。由美さんは喜び、「私も働くから」と話していた。しかし、結局一家の収入は増えないまま、借金だけが増えていった。借金の総額は、最終的に六〇〇万円近くにまで膨れ上がった。

母の雅代さんによれば、章寛氏は教師の勧めもあり、高校卒業後すぐに自衛隊に入ったが、もともと三〜四年で辞める予定だったと話していた。高速道路の建設をするのが夢で、以前から土木関係の職に就きたかったという。

ところが、自衛隊員の家族というステイタスに拘る絹代さんにとっては、章寛氏が自衛隊を除隊したことが気に食わなかった。絹代さんや由美さんは、パートナーの人間性よりも、地位や収入を重視していた。

章寛氏もまた、家族を満足させられない自分に劣等感を抱き、高級車を購入することで、家庭内の自分の評価を挽回しようとしていた。

## 義母のDVからの逃避

それでも章寛氏の努力は報われず、絹代さんからの嫌がらせは酷くなる一方だった。絹代さんは、暴言だけでなく、寝ている章寛氏を蹴ったり、「若いのに寝るな」と布団を取り上げることもあった。

殺害の五日前も、絹代さんに殴られていた。そして、「あんたの家族は何もしてくれない。村に帰れ！」と、家族や地域を侮辱する言葉を浴びせられたのだった。

母親の雅代さんは、事件前に章寛氏から「これからはお金を借りないようにするから」というメールを受け取っていた。

義母の暴言・暴力はエスカレートし、妻も味方してくれることはなかった。家庭で故郷を侮辱され見返してやりたいと思ったが、それ以前に、経済的にも実家を頼り迷惑をかけてしまっている。章寛氏はこの状況をなんとかしなければと焦燥感を募らせていた。

十分に睡眠がとれない状態で肉体的にも疲労が募っており、正常な判断力はどんどん失われていった。

そしてついに、章寛氏は家族の殺害を決意し、ハンマーを購入して決行のタイミングを計っていた。

そして三月一日午前五時、生後五カ月の息子の首を両手で絞めつけた後、浴槽の残り湯にうつぶせの状態で浮かべて窒息死させた。次に、由美さんの首を刃渡り十二センチの包丁で刺し、ハンマーで頭を数回殴打、絹代さんもハンマーで頭を数回殴打して殺害した。

## 死刑は正しい選択なのか

二〇一〇年十二月七日、宮崎地裁で開かれた裁判員裁判による死刑判決は、「自己中心的で冷酷」という見出しで報道されていた。

章寛氏は、被告人質問で動機を問われた際「わからない」と答えていることが多く、「反省は表面的で内省の深まりは乏しい」と判示していた。

事件から十年が過ぎ、章寛氏は現在三十二歳になっている。これまで荒牧さんを始め、さまざまな人々と交流し、事件と向き合う中で改悛(かいしゅん)の情を深めてきた。

犯行当時の章寛氏は、動機について、法廷で主張できるほど掘り下げられていなかった。

日本において裁判員裁判制度は、二〇〇九年から始まった。研究者や実務家は、全国の裁判員裁判事例を分析し、現在では数々の専門書も手に入るようになっているが、制度が開始されたばかりの二〇一〇年、地方での重大事件に、弁護人も苦慮したようである。

控訴審で心理鑑定が行われ、章寛氏は心理士との面談を通して、少しずつ事件について客観的に考えられるようになっていった。

本件の犯行は計画的で、生後五カ月の長男から殺害に至っている。長男の首を絞めた後、浴槽に放置し、土中に埋めた行為について、「我が子への愛情は感じられず、無慈悲で悪質」と判示されている。

確かに、義母からのDVに悩み、義母に支配され、助けてくれなかった妻を巻き込むところまでは理解できなくはないが、子どもを、しかも、真っ先に手にかけた事実は「冷酷」と判断されても致し方ない。

前章で紹介した岩手妊婦殺害・死体遺棄事件も、妻からのDVが原因で妻を殺害し、お腹の子も道連れになっている。加害者である柴田智弘氏は、妻からふたり目の子を妊娠した事実を告げられていたが、妻から「人間のクズ」と罵られて以来、「クズの子を妊娠させてしまって申し訳ない」と、妊娠を祝福する感情は芽生えず、むしろ罪悪感に苛まれていた。

長男の光とさえも、妻から関わりを制限されており、父親としての愛情を確認できたのは、妻殺害後、ふたりの生活が始まってからだと話していた。

私は智弘氏の話を聞いて、章寛氏が長男を義母や妻同様に殺めた理由についてようやく腑に落ちた。肩身の狭い思いをしている家庭の中で、子どもとの主体的な関わりはなく、「我が子への愛情」を感じる期間などなかったのではないか。

無抵抗な子を殺めることは許されないが、子への愛情を感じられるような環境になかったことも事実である。

さらに判決は、残された被害者遺族の峻烈な処罰感情を加味したうえで、ふたり以上殺害した場合、死刑適用という「永山基準」で示された「動機」「殺害方法」等の要素に言及し、「若年であることなどから更生可能性は否定できないが、極刑を回避すべき決定的な事情とは認められない」と結論づけた。

裁判に被害者家族として参加した遺族のひとりは、判決後、支援者や加害者家族との交流を経て、死刑判決に対する考えに変化が生じたという。そのため遺族の心情の変化について上申書を提出したが、上告は棄却された。

オークスの活動には、犯罪被害者遺族の原田正治さんも賛同している。原田さんは、一九八四年保険金殺人事件で弟を殺害された。

原田さんは、弟を殺した犯人と面会を重ねてきた。事件をどのように考えているのか、その変化や更生の過程を知りたいと考え、遺族にとっても、その機会を奪う死刑制度は妥当ではないと主張している。

世間では厳罰化の根拠として「被害者感情」「処罰感情」を主張するが、被害者や遺族すべてが厳罰や死刑を望んでいるわけではないと原田さんは主張している。

交通事故被害者遺族の片山徒有さんも遺族の立場で死刑制度に反対しており、被害者（や遺族）も加害者も、事件後の交流によって事件の捉え方や主張が変化することがあるのは、私も現場でしばしば見てきた。

オークスは、福岡拘置所で絵を描く章寛氏の作品を団扇(うちわ)やカレンダーにして販売し、その売上金を被害者遺族に支払い続けている。

事件前の章寛氏に絵を描く趣味があったわけではないが、塀の中でできることは限られていることから、償いとして自分のできる精一杯のことをしたいと考え、故郷の景色や自然をモチーフとした絵を描き続けているという。

オークスは、地元で弁護士や死刑に反対するジャーナリストを講師に呼び、集会や勉強会を開いている。家族間殺人とはいえ、近県の宮崎で三人が殺害された重大事件である。むしろ、奥本家と関わりの浅い人々こそ、犯人がこの地域で育った事実にショックを受けたであろう。オークスの繰り返し地域住民と対話し、理解を求める地道な活動が支援の輪を広げていった。

冊子のタイトル『波紋』は、次の章寛氏の言葉からつけた。

「池にぽちゃんて石が落ちるでしょう。音がして、波が立って。僕は、あの石のようになりたいんです。奥本っていうのがいて、たいへんな事件を起こして、でもそれがきっかけで、事件の事を知った方々が、家族の幸せのこととか考えたり、人と人とが結びついたり。もしも自分がそんな役割になれたら、もう本望です」（『波紋』三十二頁）

章寛氏の願い通り、波紋は広がり続けている。オークスの会員は一〇〇名を超え、支援者は全国から集まっている。私は、豊前市の奥本夫妻が暮らす地域を訪れ、支援活動がイデオロギーに偏ったものではなく、奥本一家の思いが大切にされている活動だと肌で感じ、胸を打たれた。

章寛氏は犯行当時、あまりに未熟だった。今では自らの過ちに気がつき、改悛の情を深めている。生きて社会貢献する道も多々あるであろう。生きて償うチャンスを彼に与え、両親や地域の人々に彼を返してあげてほしいと心から思う。

# 第四章 洗脳された家族

## 加害者と被害者の間で苦しむ家族

家族間で起きる殺人は、家族同士が憎み合った末に起きるとは限らない。

家庭の隙間に入り込んだ第三者によって、加害者と被害者に引き裂かれてしまうケースもある。

「まもなく息子の命日が来ます……、この時期はいつも、心が苦しくて、尋常ではいられなくなります」

村山敏子さん（仮名・六十代）の次男は、長女の交際相手に殺害されていた。長女も共犯者として逮捕され、傷害致死の罪で服役した。敏子さんは息子を失った遺族であると同時に、加害者家族でもあり、出所した娘を支え続けてきた。

「泣いてばかりいられません。娘のことも考えてあげないと……」

たとえ加害者になってしまったとしても、娘であることに変わりはない。しかし、この感情は周囲にはなかなか理解してもらえなかった。

ある朝、自宅の前に倒れている村山翼君（仮名・十六歳）を、同居している兄が発見。翼君は病院に搬送されたが、まもなく死亡した。

翼君は、数カ月前にも自宅前で重傷を負って倒れており、近所の住民が発見し、病院に搬送されていた。翼君の体には、暴力を受けたとみられる傷があり、警察署は要保護児童通告を出していた。

「翼君は大人しくて、とてもいい子でした。お姉さんは感じの悪い子でね、翼君を虐めていたみたいですけど、本当に酷い話ですよ。なんであんな惨いことができるのか……」

周囲は皆、一様に被害者に同情し、加害者を罵る。しかし敏子さんにとって、娘は「加害者であっても愛する我が子に変わりはない」。いつも、そう叫びたい気持ちになった。

児童相談所（児相）は翼君と面談をしていたが、本人は暴行を否定し、怪我の理由については「自転車で転んだ」と説明していた。

児相は一時保護を提案したが、翼君に断られ、保護には繫がらなかった。

警察は、翼君の姉（二十歳）と、姉の交際相手の男（三十歳）を逮捕した。

姉と交際相手は同居しており、ふたりとも無職。翼君は使い走りをさせられており、朝から晩までアルバイトをさせられ、月十万円ほどの給料は、姉の口座に振り込まれていた。

翼君の仕事先の従業員は、翼君の顔の半分が青く腫れあがっている姿を見ていた。会うたびに痩せていき、頭を坊主にし、顔の痣を帽子で隠していたこともあった。心配して様子を尋ねると「自転車で転んだ」「ゲームセンターで喧嘩した」などと言い、心配するようなことはないと笑っていたという。

警察は、姉と交際相手は日常的に翼君に暴行を加えており、亡くなる前日、暴力がエスカレートした結果、死亡させたと判断した。

裁判で姉は無罪を主張。交際相手は姉が暴行したと訴え、両被告の主張は対立した。両被告はともに、供述調書は警察による強引な取り調べによって作成されており、証拠としての信用性がない旨を主張したが、裁判所は両被告の主張を退け、姉に懲役十五年、姉の交際相手に懲役十六年の判決を言い渡した。

判決では、暴行はふたりが共謀して行ったものと認定しており、傷害と傷害致死については両者に等しい刑が科されていた。

## 引き裂かれた家族

村山家は、事件が起きるまでごく平凡な家庭だった。田舎の大きな一軒家で敏子さんの夫の両親と二世帯で暮らしていた。子どもは長男と、長女の真奈美（仮名）、そして次男の翼で、兄弟仲のよい家族だった。兄は学校では人気者だった。気が弱くていじめられっ子の翼を、気の強い真奈美がいつも守ってあげていた。

思春期に差し掛かると、真奈美は学校生活がうまくいかず、不登校になった。真奈美は勉強もスポーツもよくできる兄に劣等感を抱くようになった。常に比較されているように感じ、親との仲も悪くなり、高校を中退し都市部に出てアルバイト生活をするようになった。

ある日、真奈美は彼氏を連れて帰省してきた。その男性が今回の事件の主犯格である工藤健一（仮名）であり、真奈美より十歳年上だった。健一の父親は会社を経営しており、健一は会社役員という肩書きだった。真奈美が勤務していた飲食店の常連客で、著名人にも知り合いが多いとよく話していた。真奈美は、自分の知らない世界にいる健一に魅力を感じ、結婚を前提とした交際を始めたということだった。敏子は、健一が仕事をしている様子がないことがひっかかったが、真奈美から信頼している相手だと言われ、ふたりの交際に異を唱えることができなかった。真奈美の父親は、健一を歓迎した。父親は、真奈美が都会で夜の仕事をしていることが嫌だった。仕事を辞めて家庭に入るという健一の提案に、胸をなで下ろしていた。翼も「二人目の兄ができた」と健一に懐いており、喜んでいた。健一はすぐに、村山家に入り浸るようになった。

「いいな、こんな広い屋敷を自由にできたら」

健一は、真奈美にいつもそう言っていた。健一の目的は、村山家の支配だった。「社長の息子」は嘘であり、定職に就いた経験はなく、正体は女性に寄生して生きていた男だったのだ。

村山家を取り仕切っているのは敏子だった。夫の両親の世話をし、三人の子どもを育ててきた。家計もすべて敏子が管理しており、敏子がいなければ、村山家は回らないのだ。父親も子どもたちも健一を信じたが、敏子だけは思い通りにできなかった。

「やっぱり、お母さんは男の子が三人欲しかったんだって。真奈美のことだけは、どうしてもかわいいと思えないって悩んでたよ」

健一は、そう真奈美に嘘を吹き込んだ。真奈美は酷く傷ついた。母親とうまくいかなくなったのは、そういう理由だったのだと思い込んだ。

「あたし、やっぱり望まれない子だったんだね……」

涙ぐむ真奈美を健一は抱きしめた。

「お前は俺が一生、大切にするから。あんな奴、母親と思うな」

健一は、兄と父とよく晩酌をしていた。

ある日、健一は大事な話があると言って、真奈美と翼を呼び出した。

「昨晩もお父さんとお兄さんと飲んでてね、お父さんが言ってたことがどうしてもひっかかって……」

いつになく神妙な面持ちの健一を、真奈美は急かした。

「何だって？」

「でも、知らないほうが……」

「話して、隠し事はなしって約束でしょ」

「ショック受けると思うけど、大丈夫？」

真奈美は頷いた。

「翼は？」

「翼も知りたいよね？」

真奈美がそう言うと、翼も頷いた。

「お父さんには絶対言うなって口止めされたんだけど、真奈美も翼も、お父さんの子どもじゃないんだ」

あまりのショックに、真奈美と翼はその場にへたり込んだ。もちろん、真っ赤な嘘である。

「私たちは誰の子どもなの？」

「若い頃のお母さんは浮気癖があって、相手は行きずりの男だったみたいだよ」

「私と翼の父親も違うの？」

「そう」

「そんな……」

「お母さんに言うなよ。お父さんに口止めされてるんだから」

真奈美は怒りが込み上げていた。

「翼、行こう」

真奈美は翼の手を引いて、台所にいる母親のもとへ向かった。

「ふざけんな！　クソババア出ていけ！」

真奈美は敏子に向かって暴言を吐きながら、食器を投げつけた。翼も真奈美と同じように敏子を攻撃した。

「絶対許せない！」

真奈美と翼は、毎日のように敏子に暴力を振るい、暴言を吐くようになった。

健一は、父と兄にも真奈美と翼は父の子ではないかもしれないという疑惑を植えつけた。

真奈美と翼がなぜ急にそんな態度を取るのか、身に覚えのない敏子は戸惑った。健一が何か吹き込んでいるに違いなかったが、家族は誰も健一を疑わず、敏子は家の中で徐々に孤立を深めていった。健一は父親に、自分と出会う前の真奈美は風俗店で働き、アダルトビデオにも出演したと嘘をついた。そして、「自分が話をつければ動画が流出しないよう二〇〇万で買い取ることができる」などと言っては、父親から大金を騙し取っていた。世間知らずの父親は健一の話を信じ、真奈美のような娘と結婚してくれるのは健一だけだと健一を頼るようになっていた。

次第に村山家の家計は逼迫し、父親ひとりの給料で生活していくのは難しくなっていた。敏子が何度訴えても夫は聞く耳を持たず、長女と次男からの暴力と、夫や長男からの無視に耐えられなくなった敏子は、家を出ていくしかなかった。

## 暴力の始まり

邪魔者を追い出した健一は、さらに一家の支配を進めていく。村山家に寝泊まりするようになり、遊ぶ金欲しさに翼を働かせるようになった。

冬が近づいてきた頃、翼が台所で洗い物をしようとすると、

「お湯は使うな！　お前が使っていいのは水だけだ、いいな！」

真奈美は、健一が翼を怒鳴りつけているのを見てしまった。

「あのな、悪いことしたんだから謝れよ」

「ごめんなさい」

翼が謝ると、

「なんだそれ？　そんな謝り方あるかよ、お前何様だよ」

翼は、床に座り土下座をした。

「ごめんなさい……」

「は？　申し訳ございませんだろ？」

「申し訳、ございません」

「聞こえねえよ！」

健一は、土下座をしている翼の胸を思い切り蹴った。

苦しそうにしている翼に、健一は台所にあった洗剤を飲むように言い、嫌がる翼は、顔を殴られ続けていた。そして、一気に洗剤を飲み干すと、口から泡を吹いて、その場に倒れた。

健一は、口から泡を吹いている翼を見て笑い転げていた。

凍り付いた表情で見ていた真奈美を、健一は寝室に連れて行った。

「これからは、俺がちゃんと翼を教育するから。あいつの父親はヤクザなんだ。ちゃんと教育してやんないと、いつかあいつもヤクザになって家族を攻撃するからな」

真奈美は衝撃を受けた。裏社会に詳しい健一の話なら間違いないはずだ。翼の父親はヤクザ……。真奈美はそれ以来、翼が健一から暴力を受けているところを見ても、どこかで仕方がないと思い込むようになっていった。

翼は、どれほど寒い日であってもお湯を使うことは許されず、風呂でも水を使わされていた。健一の虐待に父親や兄は全く気がついていなかった。

よく健一は、「翼と訓練をしてる」と言って、翼が傷だらけで帰って来ることがあった。健一は怒り出すと止まらないところがあり、真奈美は恐怖を覚えることもあったが、家族は信用できず、頼れる人は唯一、健一だけだった。

広い屋敷の中で、翼は完全に奴隷だった。昼間は外で働かされ、夜は健一と真奈美の世話をさせられるのだ。疲れて帰ってきているにもかかわらず、ふたりの食事が済むまでは食事を摂ることが許されなかった。食事はいつも残飯で、見る見るうちにやせ細っていった。

ある時、翼が洗面所にいると、

「おまえもたもたすんなよ。髪なんかとかして生意気だ」

と言って、健一はバリカンで翼の髪の毛を刈ってしまった。

こうした行為を目の当たりにすることによって、真奈美は暴力が自分に向くことを怖れ、健一への服従をさらに強めていった。

これまで真奈美が翼に暴力を振るったことはなく、仲が悪かったわけではない。健一が加える暴行に、「やめて」と言ったことはあったが、助けを呼んだり体を張って止める勇気はなかった。

## 被害者と加害者の別れ道

幼い頃、仕草が女の子のような翼は、学校で友達にからかわれ、いじめられることもあった。

「やられたらやり返さなくちゃダメでしょ」

気の強い真奈美は、いつもそう諭していた。

「僕、それができないんだよね」

「もし、殺されそうになったらどうするの？」

「殺されても、殺すのは絶対無理だね」

「えー、何もしないで殺されてもいいの？」

「よくはないけど、殺すよりはマシかな」

「翼は被害者の道、あたしは加害者の道を行くよ」

翼は笑っていた。その言葉が現実になってしまった。

健一はその日、やけに機嫌が悪く、翼は蹴られたり叩かれたりしていた。健一は、敷地の奥に住んでいる祖父母の存在が邪魔になっているようだった。

健一は翼に、家族全員の財布からお金を盗ってくるよう命じたり、通帳の残高を調べさせたりしていた。祖父母は健一に優しかったが、父や兄と比べると自宅にいる時間が長いので、翼の変化にも気がつき始めているようだった。

「いい加減にしろおまえ、何でできないんだよ！」

健一は激高して翼を殴り続けた。

「もういいじゃない。あんまり騒ぐと、お父さん起きちゃうよ」

「うるさい！　あっち行ってろよ」

健一は、そう言って真奈美を追い出した。

「それだけは勘弁してください」

翼は謝り続けていた。

そして翌朝、自宅の前で倒れている翼を兄が発見したときには、すでに手遅れだった。

おそらく健一は、祖父母の殺害を翼に要求していたのではないかと思われる。翼に、そんなことができるはずもなかった。我慢し続けてきた暴力からようやく逃げようとしたところで、力尽きてしまったのだ。

## 家族全員が容疑者

自宅で人が亡くなった場合、疑われるのはまず同居人であり、全員が容疑者として取り調べを受けた。家族全員の携帯電話が没収され、互いに連絡を取り合うことができなくなった。最も疑われていたのは真奈美で、第一発見者の兄も連日厳しい聴取を受けていた。

すべて正直に答えているが、「やっていない」「知らない」と言うと、警察官に「嘘つくな！」と大声で怒鳴られ、机を叩かれた。

このとき真奈美は、他の家族も翼の死に関係しているのではないかと考えていた。父親は、翼と血が繋がっていないのだから、亡くなったとしても何も感じないのではないか。兄も心のどこかで翼の存在を疎ましく思っていたのかもしれない。裁判が結審するまで家族との面会は禁止されており、家族全員で自分を陥れたのかもしれないと思うようになっていた。

裁判で健一は、真奈美が積極的に翼を虐待していたと主張していたが、それも健一の策略なのではないかと考えた。健一が早く解放されれば、必ず助けに来てくれると信じていたのだ。

刑務所に収監された真奈美は、この先、家族と会うつもりはなかった。どこの刑務所に収監されたのか、家族であっても知る権利はなく、手紙を出さなければわからない。ところが、敏子さんと父親は真奈美を捜し、面会に行った。そして徐々に真奈美は、健一に騙されていた事実に気がついていった。

「弟を助けられなかったことは、とても後悔しています。あのとき翼が犠牲にならなければ、他の家族も殺され、私も無期懲役や死刑になっていたかもしれません。そう考えれば、刑務所生活も仕方のないことだったと思うようになりました」

出所した真奈美は、母親の敏子さんと一緒に介護の仕事をするようになった。

## 家族の弱点

洗脳を利用した殺人事件は、二〇〇二年に発覚した北九州監禁連続殺人事件、同じく二〇〇二年の「黒い看護婦」と呼ばれた福岡四人組保険金連続殺人事件、二〇一二年の尼崎事件など、世間の耳目を集めた事件以外にも実は日本中で起きているのです。

本件のように、本人が洗脳されていることに気がついていないまま裁判を終えているケースも多々あるのではないかと推測されます。事件の背景に「洗脳」があることは、出所した真奈美さんの話から判明したことで、裁判でも言及されることはなく、報道でも鬼畜の男女による少年の虐待死として処理されていたのです。

翼君は顔に痣ができるなど相当な暴行を受けながらも、被害状況を誰にも打ち明けることができませんでした。

真奈美さんも身体的暴行からは逃れたものの、精神的には酷く傷つけられていました。健一は父や兄も取り込んでいることから、真奈美さんが下手な行動を取れば、弟だけでなく他の家族にまで危害が加えられる恐れを抱いていたはずです。

洗脳されやすいのは、若くて未熟だったり、社会から孤立している人です。真奈美さんと翼君は、家庭にも学校にも居場所がありませんでした。この世の中で、真奈美さんは健一だけが、翼君は真奈美さんだけが頼りだったのです。

学校や家庭に居場所を失い、さまよう子どもたちを、社会がすぐ保護できればよいのですが、本件のように、少女に近づき、保護者の弱みにつけ込んで金銭を搾取する犯罪者もいることに注意が必要です。

我が子の悩みは、親にとって最大の急所であり、解決できるのならば何でもすると考える人もいます。子どもが犯罪者になれば、親は世間から社会的責任を問われることから、他人に知られることなく解決したいと考える人は多いはずです。実際、子どもの問題をきっかけに、新興宗教や占い師に騙された経験を持つ加害者家族は数多くいます。洗脳を可能にするのは、相手の弱みを握ることです。弱みとなるような悩みを自分ひとりで抱えず、相談窓口などに行って気軽に話せる社会になることが、同様の犯罪を防ぎ家庭の安全を守ることにつながるのです。

# 第五章　嬰児遺棄事件の背景

## 厳しく躾けた娘がなぜ

女性が病院以外の場所で密かに出産し、嬰児（生まれて間もない赤ん坊）の遺体をトイレや公園などに遺棄する事件が跡を絶ちません。近年、広島県や熊本県で、妊娠したベトナム人の技能実習生が逮捕されるケースも続き、妊婦の社会的孤立が背景にあるケースも少なくないと思われます。

しかし、家族と同居しているにもかかわらず、事件が起きてしまうケースもあります。ここでは加害者家族の証言をもとに、嬰児遺棄事件の背景について見ていきます。

「妹がこんな事件を起こしてしまって……」、両親は地域でさまざまな活動に参加していましたが、すべての役職を辞退して自宅に引きこもっています」

北陸地方に住む会社員の田中絵美（仮名・十九歳）は、勤務先近くの公衆トイレで出産し、嬰児の遺体を自宅近くの山林に遺棄して逮捕された。

絵美には軽度の知的障害があって学校の成績は常に最下位だったが、特に問題を起こす子どもではなく、中学卒業後は親族が経営する会社に勤務していた。

絵美の姉である真美（仮名・二十五歳）は、幼い頃から成績優秀で、地元の公立ではなく私立の学校に通い、有名大学を卒業していた。真美は、幼い頃から塾や習い事で忙しく、妹と遊んだ記憶はないという。妹について、

「親の言いつけは、きちんと守る子でした。両親はとても厳しいので、露出の多い服装や厚化粧はせず、早めに帰宅して家事手伝いをしていたと思います」

両親や姉にとって、家庭での絵美は「いい子」だった。

ところが、地域の人々の印象は違う。

「あの子は小さいときからいつも男の子と一緒。誰にでもついていくという噂でした」

絵美と同じ中学に通った息子の母親は、絵美が起こした事件を聞いて、さほど驚かな

かったという。

「絵美ちゃんは無防備でね、息子にはできるだけ関わらないようにって注意したこともあったんです」

裁判で執行猶予付き判決を得て、すでに社会復帰している絵美は、事件を起こした原因について、「女の子の友達がいなくて……」と、あっけらかんとした口調で答えた。絵美は、小柄で目のぱっちりとした美少女で、天真爛漫という雰囲気。間違いなく男性に好かれるだろうと思われた。

絵美は、会社の計らいで事件以前に勤務していた職場に戻っており、仕事を続けていた。とりわけ気まずい様子もなく、迷惑をかけて申し訳ないといった様子も見られなかった。

絵美は感情を言語化することが苦手である。ストレートすぎる表現しかできずに誤解を招くことも多く、小さい頃から女の子同士の仲間には入ることができなかった。男性と一緒にいるほうが楽だと感じ、いつの間にかセックスはコミュニケーションのひとつになっていた。

妊娠は初めてではなかった。最初の妊娠では、相手の男性が中絶費用を負担した。事件のきっかけとなった妊娠については、父親の可能性がある男性はひとりではなかった。それゆえ、心当たりのある男性に相談することもできなかったのだ。

絵美は、会社でも男性社員からよく声をかけられ、肉体関係を持った相手もいた。社長は絵美の親戚で、事件後は同じことが起こらないよう、きちんと監督してくれているという。

しかし、妊娠による体形や体調の変化に、同居していた家族は気がつかなかったのか。

「ちょうどその頃は真美の結婚が決まったばかりで、お姉ちゃんのほうにばかり気をとられてしまって……」

絵美の両親は泣きながら後悔していたが、親の意識が姉にばかり集中し、絵美に無関心なのは幼い頃からだった。きょうだいに対する家庭での差別的な対応は、多くの家族間事件に影響を与えている。

今回の事件で、真美の結婚は破談となった。

## 親にバレるのが怖かった

「まさか、娘があんなことをしたなんて……、今でも信じられません」

四国地方に住む佐藤美奈子さん（仮名・四十代）の娘・奈々さん（仮名・十六歳）は、自宅近くのスーパーのトイレで出産し、遺体をゴミ箱に遺棄した。

事件は、加害者が未成年者であったことから匿名で、大きく報道されることはなかったが、美奈子さんが生活する地域では大騒ぎとなった。

「鬼畜！ 出ていけ！」

事件後すぐに、美奈子さんの家には嫌がらせの電話が来るようになった。奈々さんは犯行動機として、「親にバレるのが怖かった」と供述していた。

その報道を見た人が、インターネットの掲示板に「虐待親の責任」という書き込みをしたことがきっかけで、美奈子さんと夫は周囲から凄絶なバッシングを受けることになった。奈々さんには兄がおり、地元の進学校に通っていた。成績は常にトップクラスで地域で有名な生徒だった。

周囲のひがみもあったのか、掲示板では兄を中傷する書き込みも続いた。そこには、奈々さんが兄から性的虐待を受けており、子どもの父親は兄だと書き込まれていた。そのせいで兄は学校で「レイプ犯」などと罵られ、上履きを隠されたり、同級生から無視されるようになった。

奈々さんは、中学時代からいじめを受けており、高校でも友達がいなかった。クラスメート全員から無視されていたにもかかわらず、暴力はないという理由で、先生に相談しても対応してはもらえなかった。親に相談したこともあったが、「友達を作るより勉強が大事」と一蹴されていた。

奈々さんは、SNSの世界にのめり込むようになり、現実の世界の寂しさを紛らわすようになった。自分の悩みをよく聞いてくれる男性と親しくなり、実際に会うようになった。会うようになると、嫌われるのが怖くて、肉体関係を拒むことができなかった。その後、生理が遅れていることを打ち明けると、その男性とは一切連絡が取れなくなってしまった。

母親の美奈子さんは、特に異性との交際に厳しかった。奈々さんは、恋愛とは関係なく男の子の友達も欲しかったが、家に電話が来ても取り次いでもらえず、高校を卒業するまで交際厳禁だった。妊娠した事実など、打ち明けられるはずもない。

奈々さんは、子どもをひとりで出産し、処分する覚悟を決めていたという。体形の変化は、服装で必死にごまかしていた。

「遺体を発見した人は、ショックでノイローゼになった」

「あのスーパーの近くで事故が起きたのは、死んだ子どもの霊が原因」

など近所の人々から苦情が寄せられるようになり、一家は転居を余儀なくされた。

## 家庭でも性教育を

ふたつの嬰児遺棄事件の家族は一定の社会的地位を有しており、どちらかというと厳格な家庭でした。女性たちはきょうだい間で差別を受けており、家族と同居していたにもかかわらず、家庭に居場所はありませんでした。さらに、会社や学校でも孤立しており、頼れる存在が「男性」しかいなかったのです。

また、未婚の女性が産婦人科に行くと、すぐ噂になるような地域で、相談できる機関もなく、女性へのサポート体制は脆弱でした。

SNSは、数多くの情報や人との出会いを可能にする便利なツールで、リアルなコミュニケーションが苦手な人々にとっての居場所になっている面もあります。

一方で、性的搾取の被害を受けるケースは年々増えています。子を持つ親は心配だと思いますが、一方的に利用を制限したところで、リスクは減らないでしょう。

事件が起きたふたつの家庭に共通することは、性の話は家庭でタブーとされていたことです。セックスや妊娠については家庭で話しにくいと感じる人も少なくないのではないでしょうか。

かつては生理の話も男性にはタブーでしたが、近年の性教育では男子も一緒に教育を受けるようになりました。セックスや避妊、妊娠、出産についても男女で共有すべきという認識が広がっています。性に関する情報や男女が出会う機会は若者を取り巻く環境に溢れているにもかかわらず、認識が追いついていない家庭や、性についてオープンにすることに否定的な家族も存在しています。

地域に相談窓口を増やし、女性だけでなく男性も対象とした啓発活動を広めることによって、同種の事件を防ぐことができると考えます。

# 第六章　元農水事務次官長男刺殺事件から考える子殺し

## 親の責任としての殺人は許されるのか

二〇一九年六月一日に東京都内の自宅で長男（当時四十四歳）を刺殺したとして殺人罪に問われていた元農水事務次官、熊沢英昭（ひであき）被告は東京地裁で懲役六年の実刑判決を言い渡され控訴していたが、二〇二一年二月二日、東京高等裁判所は控訴を棄却した。控訴審では、正当防衛が成立するとして被告人を無罪とする弁護側の主張は退けられ、懲役六年の実刑判決が言い渡された。

超エリート官僚による息子の殺害は世間の耳目を集めたが、本件はまさに、世の人々が抱いている犯罪者やその家族のイメージを覆す象徴的な事件として私は注目していた。長年、息子の家庭内暴力に悩まされてきた被告に同情の声も多く、一審では、刑の減軽を求める一六〇〇通もの嘆願書が集まっていた。

二〇一九年五月二十八日には、川崎市登戸通り魔事件が発生し、犯人は引きこもり状態にあったことが報道されており、引きこもりの息子もまた同種の事件を起こすのではないかという熊沢氏の恐怖も犯行を後押ししたのではないかと言われている。

世間では、熊沢氏の犯行を将来起こりうる犯罪を防いだと賞賛する声まであった。日本は、親殺しに「尊属殺人規定」を設けて死刑または無期懲役と厳しく罰していた歴史（一九九五年の刑法改正により削除）がある一方で、子殺しには甘く、執行猶予付き判決が下された事件も存在することから本判決の行方を私は注視していた。熊沢氏は上告せず、懲役六年の刑が確定している。

殺人犯の親へのバッシングで「人様を殺す前に親が始末しておくべき」という書き込みを度々目にすることがあるが、自立できない息子の殺人があたかも親の責任であるかのような主張には賛同できない。社会で考えるべきは子の問題に苦しむ親の被害者性であり、加害者になる前にどう救うのかということである。

「息子を殺して私も死ぬ……、そう思った瞬間は一度や二度ではありません」

小山美智子さん（仮名・七十代）は二十年以上、息子の家庭内暴力に悩まされてきた経験があり、熊沢被告に同情する親のひとりだ。

小山さんの夫は医師で、地元では名士だったことから、長男は「医者の息子」というプレッシャーを受けて育った。小山さんもまた、息子には医師になってほしいと思っていた。

ところが長男の成績は振るわず、大学受験に失敗。毎年、受験に失敗するうちに家から出なくなり、引きこもり生活を送るようになっていた。

小山さんは無気力になっている息子に何とか目標を持たせようと、有名大学に通う学生を何人も自宅に連れてきて息子に会わせようとした。息子はこうした母親の勝手な行動に腹を立て、暴言を吐き暴力を振るうようになっていった。

息子の行動はエスカレートしていき、夜中に暴れたり大声を出すようになった。小山さんも息子と同じような昼夜逆転の生活になり、親子は徐々に社会から孤立していった。夫は仕事で忙しく、ひとり悩む小山さんのSOSを受け止めてくれる人はいなかった。

「うちは経済的に恵まれていたほうだったので、周りに相談しても深刻に受け止めてくれる人はいませんでした。夫の面子も考えると、本当のことを話すこともできなかったと思います」

周囲からプレッシャーを理解されず、悩みを抱え込んでいたのは息子も一緒だった。浪人生活の長期化で友人と疎遠になっていたが、最初の頃は余裕のある生活をむしろ羨ましいと言われ、自分の悩みは他人には理解されないと心を閉ざすようになっていった。

ある日、息子は犬の鳴き声がうるさいと、隣の家に向かって怒鳴り始めた。

息子は母親だけでなく、近所や外の物音にも敏感に感情を爆発させるようになっていた。そして怒りが収まらない息子は、包丁を持って隣の家に向かおうとした。小山さんは慌てて息子を追いかけ、包丁を取り上げようと、揉み合っているうちに、腹部に包丁が刺さってしまった。

小山さんが病院で目を覚ますと、夫から、小山さんが倒れた後、息子が自ら命を絶ったことを告げられた。

「あのとき、息子から包丁を取り上げていたら、私が息子を刺したと思います。〝死〟以外の出口が見えなくなっていました」

## 加害者家族になることへの恐怖

熊沢氏と妻もまた、長期にわたって息子の暴力に悩まされながらも、相談窓口にアクセスしていませんでした。誰かに相談すべきであったことは間違いありませんが、相談しやすい環境が社会に整っていたかといえば、十分とは言えないでしょう。

日本は、子どもがいくつであろうと罪を犯せば、親が謝罪をしなければならない社会であり、親の社会的地位が高ければ高いほど厳しい批判に晒され、背負わされる責任が大きいことから、問題を隠す傾向が強いのです。

熊沢氏は家庭内暴力の被害に遭い、精神的、肉体的に追いつめられており、正常な判断力を欠いていたと思われます。世間体を無視できない立場にいた熊沢氏は、息子が事件を起こし、加害者家族になる恐怖を少なからず感じていたのではないかと思うのです。息子の暴力以上に、世間からの圧力が犯行に駆り立てたのではないかと考えます。

私は、熊沢氏の情状酌量の余地は大きいと考える一方、問題のある子どもを親の責任として殺すことを許容するような世間の風潮には異議を唱えたいと思います。追い詰められている親に子どもを殺すことで責任を取らせる社会ではなく、親子を支援できる社会でなければなりません。

# 第七章 残された家族の人生

第三章で紹介した事例のように、多くの人に支えられている加害者やその家族がいる一方で、周囲の人が次々と離れ、支援者もいつしかいなくなり、孤立していく加害者家族もいます。

違いはどこにあるのでしょうか。ここでは支援が難しい事例を紹介したいと思います。

## 兄による父の殺害

東京都内在住の坂口恵さん（仮名・五十代）は複雑な家庭環境ゆえに、孤独な人生を歩んできた。父親は暴力団員で、母親はホステスだった。両親は派手な生活を送っていたが、子どもたちの面倒は見てくれず、幼い頃から兄とふたり、身の回りのことはすべて自分たちでやってきた。

父と母、両親と兄など、常に家族同士が罵倒し合うような家庭で、恵さんにとって家族が揃う瞬間は恐怖でしかなかった。恵さんは常に感情を押し殺し、事態が収束するのをひたすら待った。

恵さんも兄も高校卒業後は自宅を出てひとり暮らしを始めた。恵さんは学校の成績がよく、正社員として会社に採用されたが、兄が定職に就いた様子はなかった。

兄が結婚し、子どもができると、恵さんに度々金の無心をしてくることがあった。恵さんは、問題を起こされては困ると、毎回しぶしぶいくらかのお金を兄に渡していた。

誰かと親しくなると、家族の話も話題に出るようになる。恵さんは他人に家庭の事情を知られることが嫌で、積極的に友人を作ることもしなかった。

孤独だが、静かな生活を送っていた頃、突然、事件が起きた。相続の話で喧嘩になり、兄が父を刺したのだ。父親は即死で、兄は逮捕された。

「いつか殺してやる」

兄は父と口論になるたびに、憎悪を抑えきれず、いつもそう呟いていた。恵さんはどこかで、いつかこの日が来るような気がしていた。

家族間の事件であったことに加え、父とも兄とも離れて生活をしていたので、恵さんのもとにマスコミが来ることはなかった。事件報道は小さかったが、恵さんは事件の知らせを聞いた瞬間から、しばらくテレビや新聞を見ることができなくなった。パトカーや救急車のサイレンにも敏感になり、耳を塞いだ。電話にも出ることができず、社会復帰が困難になり、仕事も続けることができなくなった。

母は八十歳を超えており、入退院を繰り返していた。夫を亡くした上に、息子は刑務所生活を送ることになり、ひとり残された母は恵さんを頼るようになった。仕事を辞め、母の面倒を見なければならなくなった恵さんは、ますます社会との繋がりを失っていった。

## 兄の死と母の介護

兄が刑務所に収監されて数年が経過した頃、突然、刑務所内で死亡したとの知らせが兄の妻子に届いたという。恵さんは、あまりにも早すぎる兄の死にショックを受けると同時に、内心どこかで安堵している自分にも気がついた。

兄は金に困った挙句に父のもとへ行き、父は援助を拒んだがゆえに殺害された。恵さんはすでに会社を退職しており、以前のような安定した給料は得ていない。兄の妻子に経済力はなく、出所後、金の無心に来る兄に、今度は自分が殺される危険性も感じていた。兄が刑務所にいる負い目と将来への不安が消え、肩の荷が下りた気がした。

ところが兄の死は、昔から折り合いの悪かった恵さんと母の関係をさらに悪化させた。母は、先に逝ってしまった息子の死を嘆き続けた。

「お兄ちゃんじゃなくて、あんたが死ねばよかったのに」

悲しみのあまり、母は恵さんに容赦ない言葉を浴びせ続けた。

母親は、足腰が弱くなっただけで、意識ははっきりしており、気性の激しさは昔と全く変わっていなかった。

「子どもを産まないあんたに、私の気持ちはわからない。あんたなんか女じゃない」

恵さんは、男性に依存的な母親を反面教師として育った。父親は家を不在にすることが多く、母親は密かに家に男性を連れ込み、恵さんはそうした男のひとりからレイプされたことがあった。母親に被害を訴えると、「何てことしてくれんの！」と平手打ちをされ、父親には絶対言うなと口止めされたのだった。

母からの暴言に昔のトラウマが蘇り、何度も母への殺意が湧いた。それでも、この世でたったひとりの肉親だと思うと、離れることができずにいた。母の車椅子を押して外を散歩するとき、一緒に電車に飛び込もうかと何度も考えるようになっていた。

この頃恵さんは当団体に相談し、兄が起こした事件と母親との確執について度々、支援を必要とするようになった。

母親は、身体的に自宅での生活が難しくなってきたことから、施設で生活することを私は提案していた。母親と恵さんとの関係も日増しに悪化する一方で、このまま同居を続けていれば、再び殺人や心中事件が発生してもおかしくない状況だったからだ。

ところがその矢先、母親の体調が急変し、入院することになった。それから一カ月後に母親は病院で息を引き取った。

## 支援の限界

家族を失い孤独になった恵さんを、これまで細々と繋がっていた支援者たちは支えようと努力したが、

「触らぬ神に祟りなし」

そう言って、彼女のもとから仲間たちはひとり、またひとりと去っていった。

「とにかく自慢話ばかりでした。彼氏が医者だと言っていますが、おそらく主治医のことで妄想だと思うんです。嘘もつくし、常にかまってほしいという要求が強すぎて、支えきれなくなってしまって……」

女性たちは敏感で、彼女から離れていった。男性はさらに彼女との関わりを嫌がった。

私も恵さんを支えたいと思ってきたが、相談者は恵さんひとりではなく、対応する時間にも限りがあった。その点は、理解してもらえていると信じていたが、実際にはそうではなかった。

恵さんが満足するまでこちらが対応しないと、他の相談窓口や他のスタッフに「いじめられた、差別を受けた」などと訴えるのだ。

彼女は経済的にも困窮していたが、生活保護の受給をぎりぎりまで拒んでいた。「父は外車でよく迎えに来てくれた」「高級レストランの常連客だった」など、恵さんはかつての贅沢な暮らしぶりをよく誇らしげに語っていた。だが、本当の話かどうかはわからない。

昔はそれなりにいい生活をしていたことから、生活保護には頼りたくないと言ってきかなかった。アルバイトもしていたが、掛け持ちは年齢的にもきつくなっていた。支援者が生活保護を申請するよう説いても、「自伝を書いて印税で生活する」「お見合いをする」などと現実的ではない計画を持ち出して、拒否し続けていた。

恵さんを担当したカウンセラーは、恵さんは境界性パーソナリティ障害の疑いがあると指摘した。そうなってしまった原因は家庭環境にあった。家庭は本来、安心できる空間であり、家族は最初に信頼関係を結ぶ相手である。

恵さんの場合、暴力が支配する家庭で常に怯えて過ごし、信頼関係を構築するという経験を欠いたまま大人になった。カウンセラーいわく、彼女の被害妄想と思われる言動は、彼女にとっては実在する被害だという。普通の人には仕方がないと割り切れることでも、裏切られたと傷つき、人格否定と捉え、相手に対して攻撃的な態度をとることもあった。

虚言や見栄を張る癖も、耐え難い現実からの逃避だった。

今年に入り、恵さんが亡くなったという情報が入った。自殺の可能性が高いという。仕事を失い、家族を失い、生活が困窮すればするほど、過酷な現実から逃れるかのように妄想が酷くなっていったようだ。亡くなる直前は、生活保護を受けてひとりで暮らしていたが、本人にとっては不本意だったという。

独居老人やシングルマザー、介護を抱えた人々が孤立しないための支援は広がっているが、恵さんのようなひとり暮らしの無職の女性への介入は難しい。

恵さんはこれまで何度も男性との間でトラブルを起こしてきたが、トラブルが起きるということも人と繋がっている証であり、恵さんの生きる力になっていた部分は否めない。それすらなくなると、状況は急激に悪化してしまう。最後まで力になってあげられなかったことは、悔やまれてならない。

## 社会的孤立をどう防ぐか

加害者家族になると、市民権を剝奪されたに等しい恐怖心を抱いたり、常に行動を監視されているような緊張感や犯罪者同様に蔑まれているような屈辱感を味わうことがあります。防御反応として、自分が有能であることを過剰にアピールしたり、嘘をつくことで自分を大きく見せる人もいます。

そういう態度を取られて気持ちのいい人はいませんから、だんだん人が離れていきます。それを周囲の偏見と見なして、孤独な人生を歩む人もいるでしょう。

恵さんは虐待されるような家庭で育ち、暴力団の家族だったことから事件以前から対人関係は安定していませんでした。そこに殺人事件が起きたことによって孤立を深め、社会不信を募らせていきました。

若い頃の恵さんは困難な家庭環境を人に頼ることなく生き抜いて、自立した生活を手に入れるだけの能力がありました。当然プライドも高く、他人をあまり信用せず、援助もなかなか受け入れられませんでした。皮肉にも、その強さが周囲との衝突を生み、孤立を深めてしまった面があります。

加害者家族のプライドの高さは、劣等感の表れともいえます。特に、虐待されるような家庭で育った子どもたちは、不条理な思いを抱えて生きています。人は辛い体験をすればするほど、自分を守るために敵対心を強めていくのです。

早い段階で「辛かったね」「あなたは悪くないよ」と積極的に声を掛けることができれば、本人の敵対心をある程度は和らげられると考えます。加害者家族に対して世間の風当たりが強い日本社会では、問題のある家族こそ必死に普通の家庭を装い、問題を隠す傾向にあります。それが家族と社会との溝を深め、周囲のサポートをさらに難しくしているのです。

加害者家族であることを会社や学校でオープンにできたならば、支援の輪が作りやすくなります。加害者家族が心を閉ざしてしまう前に支援できるかどうかが、社会の大きな課題です。

# 第八章 兄弟間殺人

## 長男が次男を刺殺

「とにかくすぐ帰ってこい」

一九六六年、当時高校生だった神沢純（仮名）は、学校で父親から電話を受けた。父の口調からすると、ただならぬことが起きていることは間違いなかった。しかし、神沢家で緊急事態は初めてではない。純は、またかという気持ちで下校した。

急いで自宅に向かう途中、遠くから家の前にパトカーと救急車が見えた。一歩一歩近づくたびに鼓動が速くなる。一瞬、警察官に連れられ、パトカーに乗り込む兄の毅（たけし）（仮名）の姿が見えた。長男が次男の登（仮名）を刺したのだ。

普通の家庭で育った人ならば、目の前の光景に絶望するだろう。ところが、純にとっては夢にまで見た瞬間だった。ふたりの兄がいなくなる——ようやく自由になったのだ。事件は純にとって、足枷（あしかせ）である家族からの解放だった。

父の話によると、毅と登は会社経営の方針が合わず、対立を続けてきたという。その日もふたりは激しい口論になり、毅は刃物を持ち出し、登の腹部等を刺した。登は、数カ所刺されて出血多量で死亡。さらに、事件を見ていた登の妻は、夫が意識のないことがわかると、娘と一緒に住んでいるビルの五階から飛び降りた。母子ともに即死だった。

突然三人が亡くなり、逮捕者が出た神沢家には、近所の人々からむしろ同情の声が集まっていた。しかし純にとっては、事件によって失ったものなどひとつもなかった。

## 長男に疎まれて育つ

純は在日韓国人二世で、神奈川県生まれの東京育ちである。兄の毅とは十歳以上年が離れており、母親は純を産んでから病気がちになった。純にとって母親といえば、家にいるより入院しているイメージしかなく、純が小学生の頃に亡くなっていた。父親はしばらくして現在の継母と再婚。継母の連れ子が登だった。

父親は大きな会社を経営していたが、軌道に乗るまでにはかなりの紆余曲折があった。借金取りから逃れるため一家は夜逃げを決意したが、このとき小学生だった純は、家族についていくことを許されず、教会に預けられたのだった。運よく、子どものいない外国人夫婦が純を引き取りたいと言い、中学を卒業するまでその夫婦の家で生活することになった。

純は、家族に捨てられたことが、最初はとてもショックだった。ところが、外国人夫婦は優しい人たちで、何の不自由もなく、落ち着いて勉強ができる環境を用意してくれた。

自宅には書斎があり、純のためにたくさんの本や望遠鏡などを買い与えてくれた。英語も身につき、絵やピアノを学ぶこともできた。

純が中学を卒業する頃、父の会社は持ち直し、軌道に乗り始めていた。養育してくれた外国人夫婦も高齢になり、父親が戻ってくるようにと言うので自宅に戻ることになった。

戻った家は地獄だった。家を支配しているのは長男の毅。毅は、幼い頃から純を疎ましく思っていた。

「お前さえ生まれてこなければ、こんなことにならなかった！」

母の亡骸（なきがら）を前に、かつて毅は泣きながら純を罵倒した。

父親は、長男の毅にはとても厳しかった。父親の要求に応えなければ、殴られることもしばしばだった。それは、兄弟の中で長男が絶対だという父の期待の裏返しでもあり、純にとっては羨ましく感じることさえあった。

幼い純は、父にとっては孫のような存在で、甘やかされていた。

純が外国人夫婦の下で暮らしている間、神沢家の生活は貧しく、まともな食事にありつけないことも一度や二度ではなかったという。純が生まれる前の神沢家も非常に貧しく、長男の毅は両親と一緒に家計を支えなければならなかった。

一方、純は一時的に家計が厳しくなったときは教会に預けられて裕福な家庭に引き取られたため、一度もひもじい思いをすることはなかった。純は、小柄で華奢（きゃしゃ）な毅とは対照的に背が高く、がっしりとした体型に育っていた。

## 孤独な思春期

思春期になると、純は女子生徒から好意を持たれることが増えていた。それでも学校に友達はひとりもいなかった。いじめや差別を受けていたわけではないが、自分が複雑な家庭環境にあることを知られるのが嫌だったのだ。

純はよく体調が悪いといって保健室に行っていた。目当ては、美人の保健の先生だった。保健の先生が学校で唯一、純の話し相手であり友人だった。

長男の毅は中卒で、小学校さえまともに通えていなかった。長男がしていないことを弟が許してもらえるはずがない。それが神沢家の掟だ。純は勉強が好きだが、進学は半ば諦めかけていた。

ところが、父親の会社は持ち直し、経済的な余裕もできたため、高校は行っても構わないと許しが下りたのだった。

加えて、養育してくれた外国人夫婦は、純を家族のもとに帰すにあたって、進学させることを頼んでいたようだった。

純はほとんど受験勉強をしていなかったにもかかわらず中位の高校に進学することが

できた。とはいえ高校に入っても友達は作らなかった。両親と兄たちのいる実家に戻ったことで、家族のことを他人に知られたくないという気持ちがさらに強くなっていたのだ。自分と同じ悩みを抱えている人など、いないと思い込んでいた。

高校でも話し相手は女性教師だけだった。英語の先生で、彼女にだけは家族の悩みを打ち明けていた。

神沢家では、本を開いて勉強することが許されていなかった。見つかれば兄たちに本を取り上げられ、ビリビリに破かれてしまうのだ。毅も登も、純を目の敵にしており、暴言など挨拶のようなもので、理不尽な理由で暴力を振るわれることもあった。

ふたりの狂暴な兄から純を守ってくれたのは継母だった。継母は、父親の次に権力があり、毅も彼女に逆らうことはできなかった。

やがて継母は、逞しく成長した純に性的関心を示すようになった。明け方、夜の仕事を終えて帰ってくると、純の寝床に入ってくるのだった。酒と煙草と香水の混じった酷い臭いに、純はいつも吐き気を催したが、兄からの暴力よりはましだと思い、耐えるしかなかった。継母はいつも、十分すぎるほどの小遣いを純に渡していた。

家で勉強ができない純に、女性教師は朝や放課後、教室を貸してくれた。昼休みは彼女の手作りのお弁当を一緒に食べるようになり、勉強も見てくれていた。長期の休みは、彼女の自宅で朝から晩まで勉強するようになった。ふたりの関係は、密かに交際へと発展していた。

純は、彼女との付き合いを通して、夢を持つようになった。純の夢は、差別に苦しむ人々を救済し、社会的差別を解消すること。そのための活動をしていきたいと考えるようになった。彼女は学生の頃、アメリカに留学しており、さまざまな慈善活動や社会運動に参加した経験があった。

純は、養親のもとにいる間は毎週教会に通っていたが、両親のもとで暮らすようになってからは教会のことなど忘れてしまっていた。彼女の勧めもあり、この頃から再び教会に通うようになった。

## 兄による見せしめ

純は悩んでいた。彼女の話を聞けば聞くほど、大学に行きたいという気持ちが強くなるのだ。高校に進学できたことすら奇跡であり、大学進学など家族が認めるはずはなかった。彼女のおかげで成績もトップクラスに入るようになったが、自分の将来は見えず、虚しくなることも多かった。

ある日、純はたまたまお腹を空かせて家に帰った。当然、食事が用意されているわけはなく、残り物がないか台所を探していた。すると、毅の妻・みどり（仮名）が来て、残り物で食事を作ってくれた。純は、久しぶりに母親を思い出すような温かな家庭の味に、お腹も心も満たされていた。

ところが、これが大きな事件に発展してしまう。

食事を終えて、みどりとふたりで台所にいたところ、みどりの表情が突然、凍りついた。継母が鬼の形相で立っていたのだ。

「何やってんだ！　早く下がれ！」

継母はすぐさま、みどりを追い出した。継母は、純に台所に座るように言って晩酌の相手をさせた。

「こんなところを毅に見られたら、殺されるよ。いい子だから私の言うことを聞きなさい」

鬼の形相が仏のようになり、純の顔をなでながら、二度とみどりと接触してはいけないと繰り返し純に言い聞かせた。

「ギャー！」

翌朝、純は女性の叫び声で目覚めた。部屋のドアを開けると、顔中血まみれで全裸のみどりの髪の毛を、毅が摑んで立っていたのだ。

「おまえ、夕べこいつとやったのか？」

純は恐怖で声が出ず、必死に何度も首を横に振った。

「やったなら正直に言えよ」

純は首を横に振り続ける。すると、毅は手に持っていたバリカンでみどりの髪の毛を刈り始めた。

「お願いやめて！」

毅は泣き叫ぶみどりの髪の毛を、坊主になるまで刈り続けた。純は扉を閉め、必死に耳を塞いで、うずくまった。勉強にばかり夢中だった純は、この事件で目が覚めた気がした。兄に逆らえば、自分もみどりと同じ目に遭う。これが神沢家に生まれた宿命なのだ。大学に行きたいなどと言えば、この程度では済まないだろう。

純は大学進学を諦め、家を出て独立するため仕事を探すことにした。

## 事件の真相

純は進学を諦めても、勉強は熱心に続けていた。将来、勉強できる機会など二度とないかもしれないと思うと、時間が惜しかった。女性教師は、慈善活動や社会活動はたとえ学歴がなくても参加でき、夢を叶えることはできると応援してくれていた。

それでも大学に行きたいという純の願いは、皮肉な形で叶えられることになった。毅が登を殺したからだ。事件は純にとって、奇跡の出来事だった。

「毅はまあ最低五年は戻ってこれないだろうね。その間に行っておいで」

継母が大学進学を許してくれたのだった。ただし、父親は三流大学ならば学費は出さないという。純は猛勉強の末、有名大学に合格することができたのだった。

純は浮かれていた。他人から見れば不謹慎かもしれないが、亡くなった登とはまともに話をしたことさえなかったのだ。悲しむ気持ちなど微塵もなかった。

世の中では、兄弟間の殺人の原因は、「会社経営を巡る意見の対立」と報じられ、毅は警察にも弁護士にも、そう話していたようだった。

毅が言う「犯行動機」はあくまで表向きであることは、神沢家の人間なら誰でも気がついていた。正直に話したところで、家族にこれほど深い闇があるなど、平凡な生活を送っている人にはわからないだろう。

みどりはあの日、事件のすべてを見ていた。

毅とみどりの間には、子どもができなかった。病院に行ったところ、原因はみどりではなく毅のほうにあった。毅は幼い頃から体が弱かったが、家が貧しく、病院に連れていってもらうことができないこともあった。病気がちで体が小さく、学歴もない。そのうえ、子を授ける機能もない。毅は劣等感の塊であり、それが鬼のような人格を作ってしまった。

次男の登には子どもが生まれていたが、女の子だった。もし、男の子が生まれれば、父親は、毅の後は登の息子を後継者にすると言っていた。継母にとっても、それが願いだった。そして、登夫妻に待望の長男が生まれたのである。

息子が生まれてから、登は毅に対して横柄な態度を取るようになり、毅は苛立つことが増えていた。毅は、息子ができた登が憎くて仕方なかった。みどりは、いつか登は毅に殺されると感じていたという。

事件の日、毅と登は口論になっていた。今まで登は兄に口答えすることはなかったが、この日ばかりは負けじと言い争いになった。毅は登に殴りかかったが、体の大きな登はびくともしなかった。登は、これまでの復讐だと言わんばかりに毅に暴力を振るった。

劣勢になった毅は刃物を取り出し、登を刺したのだった。

血まみれになって倒れている登のもとに、登の妻子が駆けつけた。

「お前が刺したことにしろ、生活の面倒は見てやるから」

毅は血の付いた包丁を登の妻に差し出した。

「数年（刑務所に）入ってくればいい、ほら」

そう言って、妻の手に包丁を握らせた。妻は恐怖に震えながら嫌だと言わんばかりに首を横に振り続け、娘と一緒に窓から身を投げたのだという。

純は、毅が冤罪を主張してすぐに釈放されるのではないかと心配したが、発作的な犯行であり、警察もすぐ駆け付けたことから、さすがに登の妻に犯行を押し付けることまではできなかった。

## 兄から逃げる人生の始まり

毅は実刑判決を受け、服役することになったが、登の息子を養子にすることになった。念願の息子を手に入れることができたのだ。

純は大学生活で初めて「普通」の暮らしを経験し、友人を持つこともできた。大学では家族の話をする必要もなく、関心のあるテーマや趣味をきっかけに友達が増えていった。純にとっては、かつてないほど幸せな時間だった。

楽しい時間はあっという間に過ぎてゆき、毅は出所の準備に入っていた。純は、大学院に進学して学者になりたいと考えていたが、毅の出所というタイムリミットが迫っていた。

刑務所にいる毅は純に、みどりだけでなく、養子となった息子とは、一切接触してはならないと命じていた。刑務所にいる間も毅は、みどりと継母を利用し、純の行動を監視させていた。

純は、家を離れてひとりで生活したかったが、継母が許さなかった。学費を出してもらっている以上、従うしかなかった。継母は夜の仕事を辞めて自宅にいることが多くなり、大学まで純を迎えに来て一緒に食事に行くことも増えた。まるで恋人のように振舞う継母に、純はいつも恥ずかしい思いをさせられていた。

そしてついに、毅が出所する日が決まった。純は大学を卒業し、大学院に進学していた。毅の出所は思った以上に早く決まった。家族は毅に、純が進学したことは黙っていた。ところが、純の状況を伝えた途端、毅は激怒したのだった。純は、毅から逃げるため、しばらくアメリカに留学することになった。

神沢家がどれだけ地獄のような家か、友人たちは知る由もない。苦学生も多い中で、大学院や留学に学費を出してくれる親を持つ純は、周囲からは羨ましがられる存在だった。それゆえ、誰にも悩みを打ち明けることなく、ひとりで問題を抱え込んでいた。

留学先での生活は楽しかった。それでもふとした瞬間、将来のことを考えると、一気に不安に襲われるのだった。今はあくまでモラトリアムで、この先どこへ行けばよいのだろうか。未来は閉ざされていた。

ある日突然、継母から連絡があり、帰国してほしいとのことだった。すでに毅は出所しており、事件前のように父の経営する会社に復帰していた。

継母は、毅は養子にした息子を溺愛しており、昔とは人が変わったようだという。純とも一度、これからのことを話し合っておきたいというので、純は急遽帰国した。

純は、毅との再会の瞬間を緊張して迎えたが、継母の言う通り、毅の表情はすっかり穏やかになり、小学生になった息子とじゃれ合っていた。しばらく見ない間に、みどりの風貌も変化していた。

みどりは昔から純に気があり、純もそれに気がついていた。しかし、純にその気はなく、優しくしてもらえるのはありがたいが、迷惑だとも感じていた。みどりの思いに、敏感な毅が気づいていないわけがない。みどりは毅から暴力を受けることがあったが、純は同情できなかった。みどりが言うには、毅は純に、実母、継母、みどりと、大切な女性をすべて奪われたと激しく嫉妬しているという。

そのみどりも登の息子を養子にし、母親になったことで、息子に真っ直ぐ愛情を注ぎ、毅との関係もよくなったように見えた。

毅は穏やかな表情で、純から大学やアメリカの話を聞いていた。純は、まだ母親が生きていた頃の優しかった毅との家族四人の生活を思い出していた。

翌日、毅は純とふたりだけで話がしたいと純を呼び出した。

「俺は人殺しなんて本当に馬鹿なことをした。心から悔いている。わかるか?」

純は頷いた。

「わざわざ殺さなくたって、追いつめる方法はいくらでもあったんだよな……。ところで、お前が邪魔で仕方ない。どこかに消えてほしい」

純は背筋が凍り付くのを感じた。

「まだ、しばらく向こう(アメリカ)にいるから……」

「俺は一度もこの国を出たことがない。約束しただろ? 俺が持ってないものは持つな、俺がやったことないことはするな。俺が臭い飯食ってる間に大学なんかに行きやがって!」

穏やかだった毅の顔は、みるみるうちに事件前の表情に戻っていった。やはり、毅は変わっていなかったのだ。

「どっか、地方に行け。遠くの田舎で暮らせ」

毅はそう言うと、すぐさま継母を呼んだ。

継母からの仕送りが絶たれれば、アメリカでの生活も終わる。純は、また旅に出なければならなくなった。

## 東京を追われて

帰国した純は、京都で生活をすることに決めた。地元の大学院に入り直し、研究の傍ら通訳のアルバイトやボランティアに専念していた。そこで、プロの通訳である年上の女性と知り合い、交際に発展した。

彼女は経済的に自立した生活をしており、結婚にはこだわらないという。純は、女性と交際する限りは結婚しなければならないと考えており、結婚する気もなかったので、女性との仲が進展することはなかった。彼女は、純にとって初めて対等に交際できる相手だった。

彼女は有力な人物とのコネクションがあり、純を経済的に家族から独立させようと、さまざまな仕事を紹介してくれた。

純は、継母の要望で二カ月に一度は東京に戻り、継母と食事をしていた。仕事も軌道に乗り、自立した生活ができるようになったことから、純は、もう仕送りは必要ないと継母に告げた。ところが継母は、納得がいかない様子だった。

京都に戻ってしばらくすると、純は、彼女から大事な話があると呼び出された。彼女は、いつになく怯えた表情で純を見ていた。

「昨日、お母さんが訪ねてきたの」

純は青ざめた。

「お兄さんの話は聞いてなかった……」

確かに事件の詳細について話していなかった。

「在日韓国人っていうことも知らなかった。てっきり、甘やかされて育ったお坊ちゃんなのかと……」

純は言葉を失っていた。

「私、このままだとお兄さんに狙われるって……」

彼女は泣き出した。

「まさか、嘘でしょ？　どうなの？」

彼女はすがるような眼で純を見た。大丈夫、そんなことあるはずがない、と言ってあげたかったが、純には確信が持てなかった。

「ごめん……」

純はそう言って、彼女のもとを去ることにした。

京都でのアルバイト先や大学には、すべて彼女と関わりのある人が働いており、彼女と別れてから周囲の態度がそっけなく感じられるようになった。仕事先からのキャンセルも続き、純は継母に連絡し、彼女と別れ京都を離れると伝えた。

純はその後、北海道に移住した。神沢家の人々は皆、寒いところが苦手で、継母もそう簡単には来られないだろうと思ったからだ。

地元の英会話スクールに勤務し、初級の英会話を教えていた。外国人講師にスキーを教わり、休日はウインタースポーツに興じた。この頃純は、夢や目標を持つことを諦めかけていた。何者かになりたいと考えたこともあったが、物事が順調に運ぶたびに家族に台無しにされてきた。

東京を離れるときに、兄から言われた言葉を思い出していた。

「お前は俺と違って見た目もいいし、学歴もある。だけど運がない。覚えておけ、何かで少しでも有名になるようなことがあれば、必ず潰してやる」

逆に、田舎でその日暮らしの生活をしていれば、文句を言われることはない。努力はするだけ無駄だと思うようになっていた。

## 教育という光

北海道での穏やかな生活が続いていたとき、純は知人からボランティアに参加してみないかと誘われた。家庭の問題で親と一緒に住むことができなくなっている子どもたちと一緒に、仙台にスキー合宿に行くというのだ。純はそれほど興味がわかなかったが、まだ一度も行ったことがない東北に行く機会なので、参加してみることにした。

講師として参加するスタッフは、日常的に子どもと接する仕事をしている人々だったが、純は、子どもとコミュニケーションを取ることがあまり得意ではなかった。そのうえ、参加する子どもたちは学校でも問題児だという。自分も友達を作らず、孤独な青春時代を過ごしたが、悪い仲間とつるむようなことはしなかった。一体どんな子どもたちが現れるのか、純は久しぶりに胸騒ぎを覚えていた。

東京から集まったのは、多くが外国籍と思われる小学生から中学生までの子どもたちで、皆、大人びていた。子ども同士ではしゃぐこともなく、それぞれひとりで本を読んだりゲームをしている。きっと、いつもひとりで過ごしているのだろう。純は彼らの姿に、自分の子ども時代の孤独な姿を重ねていた。

親が誰かわからない子ども、親が刑務所に収監されている子ども、親からの虐待で一緒に暮らせない子どもなど、彼らの家庭環境は純と同じように複雑だった。

合宿初日、参加者の子どもたちとスタッフが語り合う時間があった。そこで、スタッフが将来の夢は何かと子どもたちに尋ねる場面があった。

「歌手」

「お嫁さん」

「自分の店を持ちたい」

「稼いでハワイに行きたい」

純は、子どもたちが積極的に夢を語る姿に驚いた。

「皆、諦めないで、目標に向かって小さなことから頑張ろう」

スタッフのひとりはそう言って会を締めくくったが、純はこの言葉に怒りを覚えた。

「偽善もいい加減にしてください。あの子たちの家庭環境で、夢なんか叶うはずない。人並みの生活すらできていないんですよ」

「今はそうでも、一生そうとは限らないでしょ。逆境から這い上がった人だっているんだから」

「それは、ほんの一部の稀なケースです。運がよかっただけです。努力でどうにかなるように言うのは、無責任です。絶望を知るだけですから」

怒りのこもった純の言葉に、相手は驚いた様子だったが、

「あなたのその気持ち、よく理解できます」

と言った。純がさらに反論しようとすると、

「私の父は刑務所にいましたから……。母は、自殺しています。結婚も仕事も何度もダメになりました」

あまりにも意外な言葉に、純は言葉を失った。

「私は人生の最後の望みを、教育にかけています。子どもたちに社会を変えてほしいと願って、微力ながら活動を続けてきました」

純はこのとき、高校時代によく面倒を見てくれた女性教師のことを思い出した。あの頃は、確かに社会を変えるような活動に身を投じたいと願っていた。ところが、何をするにも家族の顔色を窺いながらの生活が続き、長期的な目標を見失ってしまっていた。

しかし、「教育」という言葉に、純は微かな希望を感じ始めていた。

## 少年Aとの出会い

仙台での合宿では、子どもたちはスタッフとは話をするものの、子どもたち同士で仲

よくなる気配はなかった。それどころか、子どもたちの間には緊迫した雰囲気が漂い、互いに威嚇し合うような状況だった。それぞれ複雑な家庭環境で生きてきた子どもたちが、簡単に他人に心を許すことはなかった。

凍りついた雰囲気を変えたのが、現地の中学生ボランティア「少年A」だった。Aは子どもたちの中に溶け込み、いつの間にか子どもたちは打ち解け、年相応の笑顔を見せ始めていた。

純は、もし仙台で仕事があれば、移住しようかと考えていた。純が講師の職がないか話を聞きに行った知人の経営する英会話教室にAは通っていた。Aは流暢な英語を話す純に憧れ、どうしても会いたいというので、スタッフが連れてきたのだという。そしてAはある日、純にこう言った。

「先生に、勉強を教わりたいんですが……」

「勉強ってどんな勉強？」

「社会勉強です。学校では学べないような……」

Aは変わった子どもだったが、面白いと思った。

「嘘つく人は、あまり好きじゃない」

ある日、Aと子どもたちは議論を始めていた。

「私たち、みんな嘘つきだよね」

参加者の子どものひとりが言い、周囲も頷く。

「どうして嘘はダメなの？」

「だって嘘ついてたら、信用されなくなるでしょ」

Aは当たり前の正義を主張する。やはり、Aは、ごく普通に育ってきた子どもなのだ。

「本当のこと言ったら、もっと信用されなくなると思う」

参加者の子どもは寂しげな表情で、そう言った。

「どういうこと？」

「私の両親は犯罪者で、私は刑務所で生まれましたって言ったら？　むしろ、何言っても信用されなくなるでしょ、だから嘘つくの」

Aはあまりのショックに、言葉を失っていたようだった。

純も、嘘ばかりついてきた人生だった。人を騙したかったわけではない。地獄のような家庭で育った自分。ありのままを話せば拒絶される。傷つかないように、嘘で自分を守らなければ生きてこられなかった。子どもの頃、同じ悩みを抱えた者同士、悩みをわかち合える場所があれば、どれほど心が楽になったか、純は過去を振り返り考えていた。

「私、とても酷いことを言った気がします」

Aは落ち込んでいたようだった。Aにとっても、子どもたちにとっても、全く違った環境で育った者同士が互いを理解する機会は重要だ。

短い時間だったが、Aは子どもたちとの交流を通して、成長したように見えた。

純は、合宿を終えた後も、Aと交流することにした。Aは作文が好きで、読書の感想や関心を持った社会問題に対する意見を書き込んだノートを純に見てほしいと渡した。

純はAのノートを読んで、まだ希望を捨てていなかった高校時代を思い出した。

## 息子の自殺

純には、息子がいた。北海道で交際していた女性との間にできた子どもだった。女性は、神沢家と関わりを持ちたくないため、純との結婚を望んでいなかった。妊娠がわかると、すぐに別の男性と結婚を決めてしまったのだ。男性は、お腹の子を自分の子として育てることを約束したのだという。子どもの将来を考えると、純は何も言えなかった。息子が順調に成長していることは母親から聞いていたが、息子と接触することは避けていた。自分が姿を見せないほうが、息子のためだと考えたからだ。もし、助けが必要なときは、できる限りのことをしたいと思っていた。

息子はすでに高校に入る年になっていた。両親と東北地方に住んでおり、父親は地元の名士だった。母親は、純の息子の後に、男の子をふたり産み、純の息子は三人兄弟の長男として育っていた。

息子は中学までは順調に育っていたが、高校受験の失敗を機に、ひきこもり状態になってしまった。母親から連絡を受けた純は、家庭教師として息子に関わることになった。このとき、友人のいなくなった息子の話し相手としてAを連れていった。

息子はAに、家族にまだ話していない悩みを打ち明けていた。中学浪人となってしまった息子に、父親は海外留学を勧めていた。そのまま、向こうの大学を卒業しても構わないという。他人から見れば羨ましい提案かもしれないが、息子はこの父親の提案に酷く傷ついていたのである。

息子は、下の兄弟ふたりに比べ、父親から愛されていないのではないかと感じて育った。高校受験に失敗したことによって親にも恥をかかせてしまい、何度も自殺を考えたという。

父親は、息子を家から追い出したいようだった。田舎では「あそこの長男は何で家にいるの？」と、すぐ噂になる。家に引きこもることさえ許されないほど、世間の目に敏感なのだ。それでも息子は、海外に行く覚悟は持てなかった。

純は、かつて兄から逃げる目的で留学していた。最初は慣れないことも多かったが、いい経験になっていた。田舎に引きこもっているより、世界に飛び出してみるべきだと、家庭教師という立場で息子に助言した。

父親は、一刻も早く息子を地元から追い出そうとしていた。息子の相談相手になったAは、準備ができていない息子を急かすべきではないと止めたが、大人たちが勝手にすべてを決めてしまっていた。

出発の日、息子は時間になっても部屋から出てこなかった。母親が部屋の鍵を壊して中に入ると、息子は首を吊って、すでに息絶えていた。

純にとって、それまでの人生で最もつらい出来事だった。

## 家族に奪われた人生

北海道の純のもとに、突然みどりが訪ねてきた。これまで継母がしてきた定期的な仕送りは、みどりがするようになっていた。純の監視役は、継母からみどりに移ったのだ。

みどりが言うには、父親の体調が思わしくなく、そろそろ覚悟したほうがいいということだった。次期社長の毅は、服役した過去など嘘のような立派な人物になっていた。みどりも社長夫人の風格を漂わせていた。

毅は父の死後、純に会社を手伝ってほしいと考えていた。今の毅にとって、純はかつてのように劣等感を抱く相手ではなかった。まもなく四十歳を超える純は、定職にも就かず、家族の援助なしでは生活が成り立たない状態になっていた。手を差し伸べられるのは家族だけだった。いつか弟を自分に跪かせる――、これが毅の復讐だった。純は、毅が願った通りの状況になっていた。

父親がいつまで持ちこたえるか。純は、実家に戻るまでの残された時間をAの教育に注ぐことにした。

長くて数カ月と思われた父の容体は、一時、嘘のように回復し、純は仙台に移住し、三年を過ごした。

その間、高校時代の女性教師が自分にしてくれたようにAの悩みや問題意識に寄り添い、昼食には料理を作ってよく一緒に食事をした。外国籍の子どもたちや障害を持つ子どもたちなど、「マイノリティ」の立場の人との交流の場に、度々Aを連れていった。

純は少しずつ、自分の出自についてAに打ち明けた。自殺した教え子は、息子だったことも伝えた。Aの年齢ではまだ理解できず、重すぎる過去かもしれないが、社会には必ず同様の悩みを抱えて孤立している人がいる。いつか、自分の経験をAに役立ててほしいと願った。それが、自分の存在意義だと思ったからである。

## お金という麻薬

私には、さまざまな活動を経て加害者家族支援に辿り着くにあたって、大きな影響を受けた人物がいます。それは拙著『息子が人を殺しました――加害者家族の真実』ではKさんとして登場した人物であり、本章における神沢純さんです。

「少年A」は、私のことです。純さんは、知人に宛てた手紙の中で私をそう表現していました。この出来事は、「少年A」として話題となった神戸市須磨区で起きた未成年による殺人事件の五年程前のことです。私が社会に対する問題意識を持ち行動を起こし始めた頃でした。

純さんから聞いた家族の話はあまりに衝撃的で、忘れることができませんでした。しかし、この家族が一体、何をしたくて純さんをここまで追い込むのか理解ができず、今まで物語を構成できませんでした。

本書を執筆していく過程で、それぞれの事件をまとめ、原因を解明していくうちに、断片的なエピソードが繋がっていきました。マイノリティの家族、父と長男の絶対的優位、劣等感から生まれる殺意など、ようやく真相に辿り着くことができました。

話を聞いたとき、私は神沢家の人間を悪魔だと思いました。義弟を殺し、義理の妹を自殺に追い込んだ毅は、まさに鬼畜としか思えませんでした。それでも純さんは、決して家族を悪く言うことはせず、家族を悪く言われることに最も傷ついて生きてきました。どれだけ酷い仕打ちを受けても、原因は家族ではなく社会にあると言いました。

毅は、幼い頃は小柄な容姿を馬鹿にされ、貧困家庭の在日韓国人の子として差別されて育ちました。社会的に成功してからも、子どもを授かることができずに見下されてきたのです。「おまえの存在は俺の否定だ」と怒りの矛先を毅は純さんに向けましたが、純さんは「その感情は理解できる」と、兄から逃げることはあっても、責めることはしなかったのです。この感情こそが、家族間事件の難しさであり、単純に「警察に突き出せ」「家族の縁を切れ」と他人が言っても、容易に解決できない理由でもあるのです。

純さんは、知的で身なりもきちんとしているので、家族が殺し合うような家庭で育ったようにはとても見えませんでした。彼は、幸か不幸か、お金に不自由したことがありませんでしたが、そこが弱点になりました。家族からの仕送りは、麻薬と同じでした。結果的に家族に依存し、人生を支配されていったのです。

何度か家族からの援助を断ち、自立する機会がありましたが、家族による追跡から逃げることができずに失敗に終わっています。もっと社会に信頼できる人々が存在したならば、家族から解放される機会があったかもしれません。

しかし、純さんは在日韓国人だったこともあり、社会的差別を受けた経験から、社会不信を抱いていました。それゆえ、たとえ家庭が地獄であっても、周囲の人たちを信じ切れず、結局は家族のもとに戻るしか選択肢がなかったのです。

貧困家庭のほうが、世間の同情を集めやすいかもしれませんが、お金があるゆえの不幸もあるのです。

純さんは、会社を手伝うため東京に戻ると家族には返事をしましたが、日本を離れるつもりだと話していました。私には、海外に行くから再会は難しいと言いました。最後の一月は、いろいろな場所に連れていってもらうなど有意義な時間を過ごしました。純さんは最後に「伝えたいことはすべて伝えたから人生に後悔はないよ」と私に言いました。

私は当時、海外に行くという説明を鵜呑みにしていましたが、大人になって振り返ると、本当は命を絶ったのではないかと思うこともあります。真相はわかりません。

# 第九章　家族はなぜ殺し合うのか

## 近親憎悪と正常性バイアス

世の中では、「家族」があまりに肯定的に、ときには美化されすぎているように、私には思われます。

他人には普段見せない弱点を知りうるのも家族であり、敵に回すといちばん怖いのが家族であると感じます。家族間殺人は、親密になり相手に気を許したからこそ起こる事件です。近親憎悪はどこから生まれるのでしょうか。私は、近い存在ゆえに違いや差を受け入れられない感情から生ずると考えます。「家族なのだからわかるはず」と、家族以外の人には抱かない期待を抱き、裏切られると自分を否定されたようにさえ感じることがあります。

家族間殺人のひとつひとつが伝えていることは、血が繫がっていても、法的に結ばれていても、家族は自分と同じ人間ではないということです。

家族間にトラブルが生じた場合、家族なのだから、いつかは理解し合えると楽観視することは事態の悪化を招きます。家族だからこそ、離れて距離を取る必要があります。

一方で、家庭は最も安全な場所だと考えている人も多いでしょう。家族の犯行に、家族が気づきにくいことも、家庭は安全であるという「正常性バイアス」が働いているからです。

家族が虐待をしていないか、いちいち確認しに行くようなことは普通の家庭ではしないでしょう。家庭内での暴力や性虐待が、同居人から見過ごされることも少なくありません。家族にしか見えないこともあれば、家族だからこそ気づきにくい問題もあります。

問題が発覚したとき、あまりの衝撃に被害を否定したり、なかったことにしようとする家族も少なくありません。しかし、家庭でトラブルが生じたら、見て見ぬふりはせずに、第三者を入れて解決を図るべきです。

## 目に見えない孤立

「家族の苦しみに貧富は関係ない」

前章で紹介した神沢純さんが、私によく言っていた言葉です。加害者家族が、地元の名士や社会的地位の高い人物であるケースも少なくありません。元農水事務次官による長男刺殺事件は、その意味でまさに象徴的なケースです。お金や人脈は、家庭の問題に必ずしも有効に機能しないものです。調子がよいとき人は寄ってきますが、問題があるとわかった途端、人は離れていくからです。

むしろ、お金と権力のあるところに紛争はつきもので、社会的地位が一気にひっくり返ることも少なくありません。「持たざる者に与える支援」だけでなく、失うものがある人たちを支える支援も必要です。

自立した生活が可能な「持てる者」こそ、他人に頼ることや弱さを見せることを恥と考え、問題を抱え込む傾向にあります。名士や著名人であれば、家庭がうまくいっているかどうかは人物評価にも大きく影響するので、なおさら周囲には伏せたいと思うはずです。地域に相談窓口や支援組織が存在していたとしても、追い込まれている人自身に社会と問題を共有するという考えがなければ、そこに辿り着くことはできません。

人に頼らず、自分の問題は自分で解決できるという過信こそが、家族間殺人を招くこともあるのです。

## 子の犯罪は社会的な死

日本では、加害者家族の中でも特に、犯罪者の親に対して厳しい批判が寄せられます。罪を犯した子どもが四十歳でも五十歳でも「親」としての責任を追及され、親たちは謝罪を余儀なくされています。

親に死ぬまで養育者という役割を負わせることは、こじれた親子関係をさらに複雑にします。引きこもり生活は、働かない子どもの生活費を親が援助することによって成り立っています。つまり、親の援助が子どもの自立を妨げているのです。

親が経済的援助をやめることができない背景には、子どもが家の外で問題や事件を起こした場合、責任をとるのは家族であり、家庭内で問題を止めておこうという発想があります。子どもはそうした親の弱点を見透かして、家族に依存するのです。

他人に迷惑をかけるくらいなら、家族が犠牲になる。家族の問題は家族で処理すべきという発想が、親子の共依存関係を断ち難くしているのです。

日本で子の犯罪は社会的な死を意味し、親が自殺するケースは跡を絶ちません。元農水事務次官のような選択をしてしまう親も出てしまうでしょう。

親の責任を果たすということは、子どもが社会で自立して生きていけるような力をつけてあげることです。そのためには過干渉になるよりも、むしろ自立支援や家族相談等の社会的支援を積極的に利用し、それらに子どもを任せていくべきなのです。

# 第十章 家族と社会の責任

## 「家族責任論」が強すぎる日本

欧米諸国には、加害者家族を支援する団体が数多く存在していますが、日本では未だに三団体だけです。支援が広がらないのは、団体を運営するにあたって国からの財政的支援が皆無であることも大きな原因ではありますが、それ以上に、日本では「加害者」と「家族」を同視する風潮が強く、支援者に対する世間の風当たりが激しいことが最も大きな原因だと思います。

アメリカでは、加害者家族は“Hidden Victim”（隠された被害者）、“Forgotten Victim”（忘れられた被害者）と呼ばれ、被害者と見なされています。

また、犯罪者と家族は別人格であり、責任を負うべきはあくまで犯罪者と考える国では、たとえ子どもが罪を犯したからといって、親が社会的責任をとることはありません。

どこの国でも加害者家族に対する批判や偏見はありますが、社会的地位の喪失や家族の日常生活が奪われる事態にまでは発展しません。

たとえばアメリカでは度々、銃乱射事件という悲劇が起きています。犯人が未成年者という事件もありますが、犯人の親が実名・顔出しでテレビカメラのインタビューに答えています。それでも転居や転職を迫られることはなく、たとえ多くの犠牲者を出した事件であっても、家族が社会的に追いつめられることはないのです。

銃乱射事件の背景には、銃社会というアメリカ社会が抱える大きな問題があり、家庭だけに原因を求めるには無理があります。

また、犯罪の背景に、人種差別や経済格差が存在することは、市民の共通認識になっています。

つまり、犯罪は家族の問題ではなく、社会の問題として解決していこうという意識が市民社会に根づいており、元受刑者や加害者家族も、社会を変える一員として自ら声を上げ、活動できているのです。

日本では、犯罪に手を染めるのは少数の人であるという認識があり、社会で問題を共有するより、個人の責任、各家庭の問題として片づけられてきました。

加害者家族自らが声を上げ、活動を行うには、世間からのバッシングや生活への悪影響も覚悟しなければならないことから、長い間、問題が放置されてきたのです。

## 社会の歪んだ価値観の影響

二〇一八年、滋賀県在住の三十一歳の女性が干渉に耐えかねて母親を殺害し、遺体を切断して遺棄した事件は、教育虐待が原因の親殺しとして注目を集めました。女性は、母親から医師以外の職業選択は認めないと、九年間も医学部を受験浪人していました。

教育虐待とは、子どもに過度に勉強を強いることです。虐待から逃れるため親を殺害する事件は多いのですが、二〇一六年に名古屋で起きた小六受験殺人事件では、父親が息子に中学受験を強制して虐待死させました。背景には、親の学歴偏重主義があります。

学歴偏重主義はかつて社会に蔓延していた価値観であり、行き過ぎた行動が事件に発展したことは間違いありませんが、事件を起こした家庭だけが特殊だとは言い切れないと考えます。

学歴社会で育った世代では、子どもに学歴をつけさせることが親の義務だと考える人もおり、親が子に勉強を強いるのは当然で、当時、社会に「教育虐待」という認識もありませんでした。

勉強ができるようになるよう支援することは悪いことではありませんが、それゆえ一歩間違えると、子どもの反応に鈍感になり、管理がエスカレートしていく危険性はどの家庭にもあります。

事件を教訓として、ひとりひとりが学歴偏重の傾向がないか、教育について見直してみることが大切だと思います。

## 男尊女卑の弊害

嬰児遺棄事件や母子心中による子殺しは、女性への支援が不十分であったことも原因のひとつであり、未成年者の妊娠相談やシングルマザーの相談窓口を増やし、女性被害者を救済していくことが事件を減らすことに繋がるのは明らかです。

一方で、男性が抱えている問題や被害は社会でなかなか認識されていません。野田市小四虐待死事件では、病気の妻と長年離れて暮らしていた娘とのギクシャクした関係に加え、乳児の世話も父親が担っており、父親の負担を減らすことが事件を防ぐうえで重要だったと考えます。岩手妊婦殺害・死体遺棄事件、宮崎家族三人殺害事件のような男性DV被害者の受け皿も非常に少ないのが現状です。

未だに男性優位の思想が根強く残っている地域もあり、「妻から暴言を吐かれて傷ついている」などと告白すれば、周囲から馬鹿にされ、恥をかくのです。

事件が起きると必ず「なぜ相談しなかったのか」と糾弾されるのですが、男性弱者が声を上げられる社会にはなっていないのです。

被害者や加害者は、性別で決まるというものではありません。男女どちらが被害者・加害者になったとしても、相談できる体制を整えていくことが事件を減らすことに繋がります。

野田市小四虐待死事件の栗原心愛ちゃん、目黒女児虐待死事件の船戸結愛ちゃんは共に愛らしい顔立ちをしていました。メディアには、お人形のようなふたりのかわいらしい写真と、無責任で残忍な加害者の写真が幾度となく流れ、「こんなかわいい子に、なんてことをするのか！」と、必要以上に応報感情を煽る結果になったと感じました。

このふたつの事件にメディアは殺到し、特集が組まれたこともありましたが、虐待事件は日常的に起きており、それぞれの事件がきちんと検証されているのかは疑問です。

「心愛ちゃん」「結愛ちゃん」と象徴的な虐待被害者になってしまいましたが、ジェンダーバイアスやルッキズム（外見による差別）も感じます。被害者がどのような容姿かはどうでもよいことで、むしろ焦点を当てられるべきは、虐待の背景です。

男尊女卑の根強い地域では、男の子への虐待も目立ちます。犯罪者の生育歴を見ていくと、「男の子は強く」「男の子は泣いてはダメ」という風土のもと、被害の告発が封じられてきたケースも少なくありません。早期に被害が救済されていれば、加害は生まれなかったでしょう。

暴力や人格否定に社会が敏感になることが、加害の抑止になるのです。

## 加害者家族の子どもの未来

両親のどちらかが相手を殺害したケースでは、加害者は長期にわたって収監されることから、他に養育者がいない場合、子どもは施設での生活を余儀なくされます。

事件当時、幼ければ、事件のことを記憶していないかもしれません。子どもたちは、事実をいつ、どのように知らされるのでしょうか。

海外の加害者家族支援では、受刑者の親を持つ子どもたちへの支援が重視されています。社会の偏見や貧困から子どもを守ることは、犯罪の世代間連鎖を防ぐからです。前提として子どもには自らのルーツを知る権利があり、養育者は事件についてきちんと告知をしなければならないと言われています。

一方、日本では「病気で亡くなった」「外国に行った」などと事実を隠している家庭が多いようです。「監獄法」（二〇〇七年廃止。現、刑事収容施設及び被収容者等の処遇に関する法律）は、刑務所を見せることは子どもの教育によくないという考えから、十四歳未満の子どもの面会を禁止していた時期があります。

法律は改正されていますが、未だに子どもに逮捕や受刑の事実を伝えることはタブーと考える傾向にあります。

海外における受刑者の子どもの支援団体は、子どもに「収監」や「刑務所」といった言葉を理解してもらうための絵本や教材を作成しています。また、事実を告知されてショックを受けた子どもが相談できる「チャイルドライン」を設置している国も多く、受刑者の子どもを支える社会的環境が整っているのです。

こうした社会的サポートが、養育者の子どもへの告知を容易にし、子どもの知る権利を保障しています。

日本では養育者を支える環境が整っていないことから、彼らが子どもに告知する精神的負担が大きく、決断を妨げているといえます。

親が犯罪者であるという事実は、子どもに少なからずショックを与えるので、そのフォローができる環境作りが社会に求められているのです。

インターネット上に情報が飛び交う昨今、事実を隠し通すことは、もはや無理だと考えてよいでしょう。

他人から事実を突きつけられる前に、身近な人がきちんと告知をしておく必要があります。そのためには、多くの人が加害者家族という存在を理解し、家族であっても人格は別である、あなたに責任はない、と堂々と伝えられる成熟した社会になることが不可欠なのです。

# 第十一章　家族間殺人を防ぐには

## 有事に露呈する家族の脆弱性

長引く新型コロナウイルス感染症の影響で、虐待やDVが深刻化しています。女性の地位向上を目指す国連機関UN womenは、新型コロナによる外出制限で世界的にDVが急増していると警鐘を鳴らし、オンラインやSNS等による相談窓口の確保と、警察、司法が適切に対応すべしといった声明を出しました。

二〇二〇年四月七日、日本においても新型コロナの影響によるDVで死者が出ました。東京都内在住の会社員の男性が妻に暴行を加えたことにより傷害容疑で逮捕され、病院に搬送された妻は、二時間後に死亡しています。報道によれば、男性は新型コロナの影響で収入が減り、妻から収入が少ないと言われ、カッとなったと供述していました。

もともと緊張関係にある家庭は、一緒にいる時間が長くなることで、暴力といった問題が引き起こされやすいと言われています。こうした事態に備えて、行政のＤＶ相談窓口や民間団体によるシェルターの確保といった取り組みがいっそう進められています。

家族依存が強い人々ほど社会との繋がりが希薄で、問題が起きたときに利用できる公的サービスなどの情報に疎い傾向にあります。

それは個人の問題だけでなく、「何かあれば、まず家族」という意識が社会に根強く、社会的援助に頼るという発想を遠ざけているからともいえます。

家庭が閉じられた空間にならないように社会との繋がりを維持し、家族だけで問題を解決しようとせず、公的なサービスや専門機関を利用する。そして、家族に対する無遠慮な言動や過剰な要求は抑えるよう意識すべきです。「適切な距離」を念頭に置いて生活するだけでも、トラブルのリスクを減らすことができるでしょう。

新型コロナウイルスによる生活様式の変化は、家庭生活を見直すよい機会です。家族の誰かが無理をしていないか、犠牲になっていないかを今一度、見つめ直してみるとよいでしょう。

## 家族の多様性こそが事件を防ぐ

多くの家族間殺人は、家族とはこうあるべきという呪縛から逃れられずに起きています。

世間体を気にせず、離婚や別居をするという決断がもっと早くにできていれば、家族を殺さなくて済んだかもしれないのです。

家族間の事件が起こるたびに、日本の伝統的家族の崩壊を嘆く声が上がりますが、家族間殺人は昔から起きており、むしろ減少傾向にあります。虐待やＤＶも、昔から行われていたにもかかわらず、被害として認識されなかったのです。家族は仲よく、家庭は安全という世間の家族幻想と、そうあるべきという共同体の倫理観による圧力で、問題は封じ込められてきました。

第一章でも言及したように、ＤＶや虐待の加害者は、刑務所に収監されたからといって更生するわけではありません。刑務所生活は作業が中心であり、罪と向き合う環境ではないからです。

したがって、再び家族を持つことになれば、加害行為は繰り返される可能性が高いとも考えられます。彼らに必要なことは、家族を持たない生き方を選択することです。

しかし、「家庭を持って一人前」という価値観は社会に根強く、特に地方では男性のプレッシャーになっていると感じます。非正規雇用で会社への所属意識が低下し、居場所として不安定になっている人たちが増えている昨今、弱者こそ、家族に拠り所を求める傾向が強いと思われます。

女性ひとりでも安心して子どもを産んで育てていけるような社会であれば、母子心中や嬰児殺人は減少すると考えます。しかし、身近にそういう母子家庭のモデルが増えていかなければ、女性がひとりで出産を決意することにはかなりの勇気がいるでしょう。

個人が家族から独立した存在となり、家族形態もシングルから事実婚、同性カップルなど多様性が広がることが、個人を根拠のない劣等感から解放し、結果として家族が追いつめられる事件を防ぐのだと私は考えています。

## 繋がりの再構築

終わりが見えない引きこもりや家庭内暴力は、家族の誰かを犠牲にすることでしか解決できないのでしょうか。

私はこれまで、一触即発の危機を乗り越え、平穏な生活を取り戻した家族も数多く見てきました。問題を乗り越えられた家族と、殺人が起きてしまった家族の違いはどこにあったのでしょうか。それは、悩みを共有できる人々との出会いがあったか否かです。

家族間殺人の原因は、家庭が閉鎖的で社会から孤立していることであり、社会に開かれた家族であることが事件を防ぐと言われてきました。問題を家庭に閉じ込めず、社会で共有すべきなのはまさにその通りですが、家族責任、自己責任という風潮の中で、社会の理解が進んでいるかといえば、そうではないのが現状です。

孤立しないために、社会とどのように関われればよいのでしょうか。

私は加害者家族同士が体験を語り合う会を主催していますが、同様に、「引きこもりの子を持つ親の会」や「依存症者の家族の会」といった問題を共有できるグループが各地に存在しています。参加者は当事者に限られ、プライバシーは守られています。

悩みを共有できるコミュニティが社会に増えていくことが、家族間で起こる事件の予防に繋がるのです。

ひとつではなく、複数のグループに参加している人も多くいます。参加者の体験に耳を傾ける中で、家族間では意識していなかった問題に気づかされることがあります。

こうした「気づき」を重ねることによって自分自身が変化し、家族とのコミュニケーションがよい方向に変化することもあるのです。

とはいえ、家庭の中で長年蓄積された問題が一気に解決に向かうわけではなく、変化が現れるには時間を要します。

急を要する問題なのだからと、このような時間のかかる取り組みを無意味と評する人もいます。しかし、こうした仲間や支援者との時間の共有や繋がりが、助けを必要としている人の命を守っていることも事実なのです。

家庭の問題を他人に話すことは、勇気のいることです。勇気を出して相談したにもかかわらず、具体的なアドバイスがなく、恥をかいただけで終わったと不満を訴える人もいます。

しかし、家族間殺人は、命よりプライドや世間体が優先された結果起きてしまうことがあります。

家庭の問題を自分たちだけで抱えこまず、外に出したことは解決への大きな一歩であり、恥をかく経験は人間を強くしていきます。問題を乗り越えるということは、プライドや世間体から解放されることだと私は考えます。

## 時間をかけた事件の検証を

無差別殺傷事件のような不特定多数の人が巻き込まれた事件の報道に比べ、被害者が家族に限定される家族間殺人の報道は事件が起きた背景が丁寧に検証されないまま、社会不安を煽る結果を招いています。

一部の例外を除き、よくも悪くも、メディアの関心が低いのです。

メディアの関心の差がどこから来るかといえば、人々が巻き込まれるリスクの有無でしょう。あえて乱暴な言い方をすれば、家族間で殺し合うのならどうぞご勝手にということなのだと思います。

しかし家族間殺人が起きた家庭は、必ずしも当初から家族関係が悪かったわけではありません。小さな問題の蓄積が、徐々に事件に発展しているのです。

つまり、どの家庭でも起こり得る可能性があり、誰にとっても他人事ではないのです。

世界中どこを探しても、犯罪のない国はありません。日本は諸外国に比べ、犯罪が少ない国ではありますが、これからも事件が起こることは止められません。事件の被害者になる可能性もあれば、加害者本人や加害者の家族になる可能性もゼロとはいえないのが現実なのです。

私たちは、そうしたリスクのある社会で生きているという事実を、しっかり認識すべきだと思います。

# おわりに

二〇二〇年から発生した新型コロナウイルス感染症は、私たちの生活に大きな負担を強いたといえます。日本の感染者は、「世間」という、もうひとつの病にも向き合わねばならないからです。

感染報道をきっかけに、感染者が特定され個人情報が拡散するインターネット、感染者を出した会社による謝罪会見、誹謗中傷により転居を余儀なくされる感染者やその家族の状況は、まさに「加害者家族」と同じです。

二〇二一年一月二十二日、新型コロナウイルス感染により自宅療養中だった東京都内の三十代の女性が自殺したという衝撃的なニュースが流れました。女性は、娘も感染したことから、学校で居場所がなくなるかもしれないと心配し、夫に相談していたそうです。残されたメモには、周囲に迷惑をかけてしまった後悔が綴られていたといいます。

感染者が周囲に対して抱く「罪責感」は、過失によって他人を傷つけてしまったり、食中毒を出してしまった飲食店主の心情ともよく似ています。過失犯であれば、意図した行為でなくとも一定の法的責任を負わなければなりませんが、コロナ感染者は、たとえ誰かに感染させてしまったとしても法的責任はないはずです。それでも、周囲に対して道義的責任を背負い込まなければならないのは、世間の同調圧力があるからです。

感染者やその家族を苦しめている罪責感はやはり、幼い頃から刷り込まれてきた「人に迷惑をかけてはならない」という共同体の価値観です。つまり他人の世話になることをよしとしない心情です。

二〇二一年一月十日の朝日新聞は、新型コロナウイルスに関する調査で、六十七％の人が「健康より世間の目が心配」と回答したと報じています。「世間」とはいわば、所属しているコミュニティであり、会社、学校、ママ友同士の集まりなどのことです。

人口の少ない地域で生活している人にとっては、居住している地域そのものが「世間」かもしれません。人々は感染によって、周囲に迷惑をかける、または不安の種をまくことで、所属しているコミュニティから排除されることを怖れています。

新型コロナウイルスは世界的な問題であるにもかかわらず、差別は小さなコミュニティで起きています。世界がどうあれ、身近な人から拒絶されるのは辛いものです。

しかし大切なことは、ひとつのコミュニティでの評価を絶対視しないことです。所属するコミュニティが少なければ、排除は致命的になります。SNSなども含め、できるだけ複数のコミュニティに身を置くように努めると、世間の同調圧力からの逃げ道ができ、生きやすくなるはずです。

家庭に問題を抱えた場合も同様です。周囲＝世間から拒絶される経験をすると、人と関わることが怖くなります。でも、そのようなときこそ勇気をもって、それまでいた場所とは別の社会や世界に目を向けてみてください。同じ悩みを抱えている人や、味方になってくれる人が必ずいるはずです。

本書の執筆には、「二〇一九年度ファイザープログラム〜心とからだのヘルスケアに関する市民活動・市民研究支援」助成による『中堅世代の加害者家族の支援モデルの構築』、「二〇二〇年度赤い羽根福祉基金助成」による『加害者家族の社会的孤立を防ぐための全国支援ネットワーク構築事業』を通した活動内容が反映されています。関係者の方々には感謝申し上げます。

当団体を日常的に支援していただいているスタッフ、会員、専門家の皆様、編集の四本恭子さんにも大変お世話になりました。

阿部恭子

# 参考文献

阿部恭子著『加害者家族を支援する――支援の網の目からこぼれる人々』（岩波書店、二〇二〇）

阿部恭子著『家族という呪い――加害者と暮らし続けるということ』（幻冬舎新書、二〇一九）

阿部恭子著『息子が人を殺しました――加害者家族の真実』（幻冬舎新書、二〇一七）

阿部恭子編著『少年事件加害者家族支援の理論と実践――家族の回復と少年の更生に向けて』（現代人文社、二〇二〇）

阿部恭子編著『加害者家族の子どもたちの現状と支援――犯罪に巻き込まれた子どもたちへのアプローチ』（現代人文社、二〇一九）

阿部恭子編著『性犯罪加害者家族のケアと人権――尊厳の回復と個人の幸福を目指して』（現代人文社、二〇一七）

阿部恭子編著・草場裕之監修『加害者家族支援の理論と実践――家族の回復と加害者の更生に向けて』（現代人文社、二〇一五）

『波紋――奥本章寛と歩んだ十年のキセキ』（オークス　奥本章寛さんと共に生きる会発行、二〇二〇）

## 著者略歴

阿部恭子
あべきょうこ

NPO法人World Open Heart理事長。
東北大学大学院法学研究科博士課程前期修了（法学修士）。
二〇〇八年大学院在籍中に、社会的差別と自殺の調査・研究を目的とした
任意団体World Open Heartを設立。
宮城県仙台市を拠点として、全国で初めて犯罪加害者家族を対象とした
各種相談業務や同行支援などの直接的支援と啓発活動を開始、
全国の加害者家族からの相談に対応している。
著書に『息子が人を殺しました』（幻冬舎新書）、
『加害者家族を支援する』（岩波書店）などがある。

幻冬舎新書 629

# 家族間殺人

二〇二一年九月三十日 第一刷発行

著者 阿部恭子

発行人 志儀保博

編集人 小木田順子

編集者 四本恭子

発行所 株式会社 幻冬舎

〒一五一−〇〇五一 東京都渋谷区千駄ヶ谷四−九−七

電話 〇三−五四一一−六二一一(編集)

〇三−五四一一−六二二二(営業)

振替 〇〇一二〇−八−七六七六四三

ブックデザイン 鈴木成一デザイン室

印刷・製本所 株式会社 光邦

Printed in Japan ISBN978-4-344-98631-2 C0295

あ-15-3

幻冬舎ホームページアドレス https://www.gentosha.co.jp/

*この本に関するご意見・ご感想をメールでお寄せいただく場合は、comment@gentosha.co.jp まで。